JN106234

2025年度版

徳島県の
論作文・面接

過 去 問

協同教育研究会 編

協同出版

はじめに～「過去問」シリーズ利用に際して～

　教育を取り巻く環境は変化しつつあり，日本の公教育そのものも，教員免許更新制の廃止やGIGAスクール構想の実現などの改革が進められています。また，現行の学習指導要領では「主体的・対話的で深い学び」を実現するため，指導方法や指導体制の工夫改善により，「個に応じた指導」の充実を図るとともに，コンピュータや情報通信ネットワーク等の情報手段を活用するために必要な環境を整えることが示されています。

　一方で，いじめや体罰，不登校，暴力行為など，教育現場の問題もあいかわらず取り沙汰されており，教員に求められるスキルは，今後さらに高いものになっていくことが予想されます。

　本書の基本構成としては，論作文・面接試験の概要，過去数年間の論作文の過去問題及びテーマと分析と論点，面接試験の内容を掲載しています。各自治体や教科によって掲載年数をはじめ，論作文の書き方や面接試験対策を掲載するなど，内容が異なります。

　また原則的には一般受験を対象としております。特別選考等については対応していない場合があります。なお，実際に出題された順番や構成を，編集の都合上，変更している場合があります。あらかじめご了承ください。

　みなさまが，この書籍を徹底的に活用し，教員採用試験の合格を勝ち取って，教壇に立っていただければ，それはわたくしたちにとって最上の喜びです。

協同教育研究会

C O N T E N T S

第1部 論作文・面接試験の概要 ……………… **3**

第2部 徳島県の
論作文・面接実施問題 ……………… **9**

第1部

論作文・面接試験の概要

論作文試験の概要

■ 論作文試験の意義

　近年の論作文では，受験者の知識や技術はもちろんのこと，より人物重視の傾向が強くなってきている。それを見る上で，各教育委員会で論作文と面接型の試験を重視しているのである。論作文では，受験者の教職への熱意や教育問題に対する理解や思考力，そして教育実践力や国語力など，教員として必要な様々な資質を見ることができる。あなたの書いた論作文には，あなたという人物が反映されるのである。その意味で論作文は，記述式の面接試験とは言え，合否を左右する重みを持つことが理解できるだろう。

　論作文には，教職教養や専門教養の試験と違い，完全な正答というものは存在しない。読み手は，表現された内容を通して，受験者の教職の知識・指導力・適性などを判定すると同時に，人間性や人柄を推しはかる。論作文の文章表現から，教師という専門職にふさわしい熱意と資質を有しているかを判断しているのである。

　論作文を書き手，つまり受験者の側から見れば，論作文は自己アピールの場となる。そのように位置付ければ，書くべき方向が見えてくるはずである。自己アピール文に，教育評論や批判，ましてやエッセイを書かないであろう。論作文は，読み手に自分の教育観や教育への熱意を伝え，自分を知ってもらうチャンスに他ならないのである

　以上のように論作文試験は，読み手(採用側)と書き手(受験者)の双方を直接的につなぐ役割を持っているのである。まずはこのことを肝に銘じておこう。

■ 論作文試験とは

　文章を書くということが少なくなった現在でも，小中学校では作文，

大学では論文が活用されている。また社会人になっても，企業では企画書が業務の基礎になっている。では，論作文の論作文とは具体的にはどのようなものなのだろうか。簡単に表現してしまえば，作文と論文と企画書の要素を足したものと言える。

小学校時代から慣れ親しんだ作文は，自分の経験や思い出などを，自由な表現で綴ったものである。例としては，遠足の作文や読書感想文などがあげられる。遠足はクラス全員が同じ行動をするが，作文となると同じではない。異なる視点から題材を構成し，各々が自分らしさを表現したいはずである。作文には，自分が感じたことや体験したことを自由に率直に表現でき，書き手の人柄や個性がにじみ出るという特質がある。

一方，作文に対して論文は，与えられた条件や現状を把握し，論理的な思考や実証的なデータなどを駆使して結論を導くものである。この際に求められるのは，正確な知識と分析力，そして総合的な判断力と言える。そのため，教育に関する論文を書くには，現在の教育課題や教育動向を注視し，絶えず教育関連の流れを意識しておくことが条件になる。勉強不足の領域での論文は，十分な根拠を示すことができずに，説得力を持たないものになってしまうからである。

企画書は，現状の分析や把握を踏まえ，実現可能な分野での実務や計画を提案する文書である。新しい物事を提案し認めてもらうには，他人を納得させるだけの裏付けや意義を説明し，企画に対する段取りや影響も予測する必要がある。何事においても，当事者の熱意や積極性が欠けていては，構想すら不可能である。このように企画書からは，書き手の物事への取り組む姿勢や，将来性が見えてくると言える。

論作文には，作文の経験を加味した独自の部分と，論文の知識と思考による説得力を持つ部分と，企画書の将来性と熱意を表現する部分を加味させる。実際の論作文試験では，自分が過去にどのような経験をしたのか，現在の教育課題をどのように把握しているのか，どんな理念を持ち実践を試みようと思っているのか，などが問われる。このことを念頭に置いた上で，論作文対策に取り組みたい。

面接試験の概要

■ 面接試験の意義

　論作文における筆記試験では，教員として必要とされる一般教養，教職教養，専門教養などの知識やその理解の程度を評価している。また，論作文では，教師としての資質や表現力，実践力，意欲や教育観などをその内容から判断し評価している。それに対し，面接試験は，教師としての適性や使命感，実践的指導能力や職務遂行能力などを総合し，個人の人格とともに人物評価を行おうとするものである。

　教員という職業は，児童・生徒の前に立ち，模範となったり，指導したりする立場にある。そのため，教師自身の人間性は，児童・生徒の人間形成に大きな影響を与えるものである。そのため，特に教員採用においては，面接における人物評価は重視されるべき内容であり，最近ではより面接が重視されるようになってきている。

■ 面接試験とは

　面接試験は，すべての自治体の教員採用選考試験において実施されている。最近では，教育の在り方や教師の役割が厳しく見直され，教員採用の選考においても教育者としての資質や人柄，実践的指導力や社会的能力などを見るため，面接を重視するようになってきている。特に近年では，1次選考で面接試験を実施したり，1次，2次選考の両方で実施するところも多くなっている。

　面接の内容も，個人面接，集団面接，集団討議(グループ・ディスカッション)，模擬授業，場面指導といったように多様な方法で複数の面接試験を行い，受験者の能力，適性，人柄などを多面的に判断するようになってきている。

　最近では，全国的に集団討議(グループ・ディスカッション)や模擬授

業を実施するところが多くなり，人柄や態度だけでなく，教員としての社会的な能力の側面や実践的な指導能力についての評価を選考基準として重視するようになっている。内容も各自治体でそれぞれに工夫されていて，板書をさせたり，号令をかけさせたりと様々である。

　このように面接が重視されてきているにもかかわらず，筆記試験への対策には，十分な時間をかけていても，面接試験の準備となると数回の模擬面接を受ける程度の場合がまだ多いようである。

　面接で必要とされる知識は，十分な理解とともに，あらゆる現実場面において，その知識を活用できるようになっていることが要求される。知っているだけでなく，その知っていることを学校教育の現実場面において，どのようにして実践していけるのか，また，実際に言葉や行動で表現することができるのか，といったことが問われている。つまり，知識だけではなく，智恵と実践力が求められていると言える。

　なぜそのような傾向へと移ってきているのだろうか。それは，いまだ改善されない知識偏重の受験競争をはじめとして，不登校，校内暴力だけでなく，大麻，MDMA，覚醒剤等のドラッグや援助交際などの青少年非行の増加・悪質化に伴って，教育の重要性，教員の指導力・資質の向上が重大な関心となっているからである。

　今，教育現場には，頭でっかちのひ弱な教員は必要ない。このような複雑・多様化した困難な教育状況の中でも，情熱と信念を持ち，人間的な触れ合いと実践的な指導力によって，改善へと積極的に努力する教員が特に必要とされているのである。

▌面接試験のねらい

　面接試験のねらいは，筆記試験ではわかりにくい人格的な側面を評価することにある。面接試験を実施する上で，特に重視される視点としては次のような項目が挙げられる。

① 　人物の総合的評価　面接官が実際に受験者と対面することで，容姿，態度，言葉遣いなどをまとめて観察し，人物を総合的に評価することができる。これは面接官の直感や印象によるところが大きい

が，教師は児童・生徒や保護者と全人的に接することから，相手に好印象を与えることは好ましい人間関係を築くために必要な能力と言える。

② 性格・適性の判断　面接官は，受験者の表情や応答態度などの観察から性格や教師としての適性を判断しようとする。実際には，短時間での面接のため，社会的に，また，人生の上でも豊かな経験を持った学校長や教育委員会の担当者などが面接官となっている。

③ 志望動機・教職への意欲などの確認　志望動機や教職への意欲などについては，論作文でも判断することもできるが，面接では質問による応答経過の観察によって，より明確に動機や熱意を知ろうとしている。

④ コミュニケーション能力の観察　応答の中で，相手の意思の理解と自分の意思の伝達といったコミュニケーション能力の程度を観察する。中でも，質問への理解力，判断力，言語表現能力などは，教師として教育活動に不可欠な特性と言える。

⑤ 協調性・指導性などの社会的能力(ソーシャル・スキル)の観察　ソーシャル・スキルは，教師集団や地域社会との関わりや個別・集団の生徒指導において，教員として必要とされる特性の一つである。これらは，面接試験の中でも特に集団討議(グループ・ディスカッション)などによって観察・評価されている。

⑥ 知識・教養の程度や教職レディネスを知る　筆記試験において基本的な知識・教養については評価されているが，面接試験においては，さらに質問を加えることによって受験者の知識・教養の程度を正確に知ろうとしている。また，具体的な教育課題への対策などから，教職への準備の程度としての教職レディネス(準備性)を知る。

第 2 部

徳島県の
論作文・面接
実施問題

2024年度　論作文実施問題

【全校種・1次試験】　80分・800字以内

●テーマ

> あなたは，児童生徒や保護者から「信頼される教師」とはどんな教師だと考えますか。また，そのような教師になるために自分の強みを生かして，どのような教育実践に取り組みますか。具体的に述べなさい。

●方針と分析

(方針)

　いかなる時代においても，「信頼される教師」は絶えず求められてきた。しかし，今日，教員による不祥事や犯罪などが惹起し，教育への信頼を失墜させている。そこで，このことを踏まえ教育は信頼の上に成立するものであること，また児童生徒や保護者，社会からの期待と信頼を裏切らないことが絶対の条件であるという認識に立つことが必要である。その上で，時代の要請に応え得る教育の創出に努める「信頼される教師」の姿を明らかにする。さらに，自分の強みを生かした自信を持って取り組める実現可能かつ具体的な教育実践が，自らが明かした「信頼される教師」を育てるに値するものであることを論じる。

(分析)

　これまでも教師に求められる資質能力や条件として，大きくは豊かな人間性や社会性，使命感や責任感，教育的愛情，教科や教職に関する専門的知識，実践的指導力，総合的人間力，コミュニケーション能力などが取り上げられ，中央教育審議会答申などでも繰り返し提言さ

れてきた。

　すなわち，「信頼される教師」とはこのような資質能力や条件を有し，教育に対する責任を自覚し，情熱をもって取り組む者を指すと考えられる。また，信頼されるとは憧れを抱かれるということでもある。したがって，「信頼される教師」とは単なる知識や技術を有するだけでなく，憧れを抱かれたりロールモデルとみなされたりするような人間的魅力を備えた存在であることを押さえたい。

　また，自分の強みを教育実践に生かすとは，熟考した自らの強みで取組を支え，教育目標の達成を目指すことを意味する。同時に，強みを生かした児童生徒を育む教育実践が教師としての自分自身を成長させるものであることにも着目したい。さらに，優れた教育実践を生み出すためには，日頃から自己の取組を省察し，改善へとつなげる謙虚かつ探究的な自己研鑽に励む姿勢が必要である。そこで，PDCAサイクルの手法を取り入れることや，同僚など他者に意見を求め，教育実践の質的向上・改善を図ることが重要となる。これらの積み重ねが「信頼される教師」を育てると考える。なお，自分の強みと長所とを混同しているケースを見掛けるので気を付けたい。

　さらに，教育の内容も新型コロナウイルス感染症が社会にもたらした影響を受け，不易なものと新たに工夫し取り組まなければならない事柄とが明確になった。したがって，取り組む教育実践も人生を送る上で必要な学力や体力，道徳性等を確実に育成する質の高い教育の実現を念頭に，自分の強みを生かせる自信をもって論じやすい領域や分野などから選べばよい。加えて，2017年の学習指導要領の改訂により，すべての校種で取り組むことを求めた持続可能な社会の創り手を育てる教育や，日本社会に根差した調和と協調に基づくウェルビーイングを，教育を通じて向上させることも今日求められているところである。

　一方，教育実践を論述する際の留意点として，「主体的・対話的で深い学び」の実現に向けた授業改善の視点，GIGAスクール構想の下で整備された1人1台の情報端末の積極的な利活用，主体的な学びをつくる発問・助言・学習課題などの授業の創意工夫，教材の改善などを

踏まえることが望まれる。

　さらに，従来の「日本型学校教育」のよさを受け継ぎつつ，2020年代を通じて実現を目指す学校教育である「令和の日本型学校教育」の理念に立つことにも留意したい。すなわち，誰一人取り残すことなく，すべての児童生徒の可能性を引き出す「個別最適な学び」と「協働的な学び」の具現化を目指すものとしたい。なお，令和6年3月策定予定の「徳島教育大綱」及び「第4期徳島県教育振興計画(第4期)」にも目を通しておきたい。

●作成のポイント

　本論作文のテーマでは，「信頼される教師」の姿を明らかにすることと，自分の強みを生かしたどのような教育実践が「信頼される教師」を育むのかの2点が問われている。そこで，論述に当たっては両者を関連付けて説得力のある小論文にする必要がある。全体を序論・本論・結論の三段構成とし，800字以内で論述していく。

　序論では，「信頼される教師」の強みを生かした優れた教育実践が，次代を託す児童生徒の教育を保障するとともに，教師自身の成長をも促すことを念頭に，200字程度で論じたい。

　本論では，児童生徒や保護者から「信頼される教師」，自分の強みを生かした児童生徒を育む教育実践，自己成長につながる教育実践を軸に展開する。徳島県が目指す教員像は，「とくしま教員育成指標〈改訂版〉」(令和5年2月)に示されている。そこでは，「徳島教育大綱」(令和元年度)における基本方針である「未知の世界に果敢に挑戦する，夢と志あふれる『人財』の育成」を目指し，主体的に学び続け自己を高める教員とある。一方，「フレッシュ研修Ⅰ(初任者研修)の手引」(令和4年度)にも，「第1ステージ【基盤形成期】で求められる教員の姿」が述べられている。そこには，「学習指導や生徒指導・学級経営についての実践的指導力を磨き(中略)，組織の一員として，他の教員と積極的に関わり，業務を誠実に遂行する中で，自身が果たすべき役割への自覚を高めている。また，保護者や地域社会と関わる習慣と，実践

を振り返り改善する習慣を身に付けている」と示されている。これらを参考に，児童生徒や保護者から「信頼される教師」とはどのような教師であるかを論ずればよい。取り組む教育実践は，今日的な課題を含め具体的な領域や分野から選択することが望ましい。そして，自らの強みを生かした教育実践は，弛まぬ努力と工夫から生み出されるものであることを自覚するとともに，それがどのように自己の成長につながるかを踏まえ具体的に論述すること。本論は400字〜500字で述べたい。

　結論では，改めて加速度的な社会変化に対応しうる資質能力を身に付け，自らの強みを生かした教育実践に真摯に取り組み，児童生徒や保護者が見ている景色を「我がこと」にする回路を持ち合わせた「信頼される教師」を目指して精進することや揺るぎない信頼を得る思いを100〜150字程度で述べ，小論文をまとめる。

２０２３年度　論作文実施問題

【全校種・１次試験】　80分・800字以内

●テーマ

> あなたは，「協働力」を，どのように捉え，その力を新任教員としてどう発揮していきますか。具体的に述べなさい。

●方針と分析

(方針)

　教員としての「協働力」とはどのようなものであり，その力を新任教員としてどう発揮していきたいか。800字以内で具体的に説明しなければならない。

(分析)

　まず，設問のキーワードである「協働力」とはどのようなものか。「とくしま教員育成指標」や「(令和2年度)とくしま教職員研修のしおり(フレッシュ研修のしおり)～学び続ける教職員のために～」などを参考にまとめていく。徳島県では，育成すべき教員の力として，「組織マネジメント力」「OJT推進・人材育成力」「危機管理力」「家庭・地域とのネットワーク構築力」の四つを挙げている。

　「組織マネジメント力」「OJT推進・人材育成力」は，組織の一員として，目標と自分の役割を理解し，協働して責任を果たそうとする力を指す。「危機管理力」は，安全教育・防災教育をはじめ危機管理の重要性を理解し，危険を察知したとき，状況に応じた行動をしていく力を指す。「家庭・地域とのネットワーク構築力」は，家庭や地域と連携する重要性を理解し，ボランティア活動や地域の行事等へ参加していく力を指す。

　四つの力のどれも重要であるが，新任教員採用試験で踏まえておきたいのは，「組織マネジメント力」と「家庭・地域とのネットワーク構築力」であろう。前者は，「チーム学校」の内容とも関連づけて理解したい。校長のリーダーシップの下でカリキュラム，日々の教育活動，学校の資源が一体的にマネジメントされ，教職員や学校内の多様な人材がそれぞれの専門性を生かして能力を発揮し，子供たちに必要な資質・能力を確実に身に付けさせることができる学校を創り出す文化・環境の重要性を押さえておくとよい。例えば，養護教諭や栄養教諭，スクールカウンセラーなどの数が少ない場合，少数職種が孤立しがちな場合がある。こうしたときに，学校全体で意識改革を行い，専門性や立場の異なる人材をチームの一員として受け入れることが挙げられる。さらに教員は，学校教育に参画する専門能力スタッフとも，子供の教育を共に担っていくチームの一員であるという意識を持つ必要がある。

　後者は，「(令和2年度)とくしま教職員研修のしおり(フレッシュ研修のしおり)〜学び続ける教職員のために〜」の178頁を参照した。また，「幼稚園，小学校，中学校，高等学校及び特別支援学校の学習指導要領等の改善及び必要な方策等について(答申)」によると，グローバル化が進展し複雑で加速度的に変化する社会の中で，子供たちは，自らの人生や社会をよりよく変えていくために必要な力を身に付ける必要がある。そのためには，予測できない変化に自ら向き合い，主体的に学び続けようとする姿勢が重要であると指摘されている。そのような姿勢を育てるためには，自らの意志により生涯を通じて学びに向き合い，自らの可能性を高めていこうとする生涯学習に取り組める環境が大切になってくる。その環境づくりのためには，学校が家庭や地域との連携を強め，様々な機会や場所を与えて，家庭や地域と協働しながら児童生徒の教育に当たる必要がある。

　以上の内容を踏まえながら，協働力とは何かを説明し，児童生徒の教育にどのように取り組むのかを，受験者の校種別，職種別に即して説明するとよい。

●作成のポイント

　800字以内という指定があるので，全体を序論，本論，結論の3段構成とする。

　序論では，徳島県教員に求められる協働力とは何かを説明する。ここでは，「組織マネジメント力」「OJT推進・人材育成力」「危機管理力」「家庭・地域とのネットワーク構築力」の四つの力を挙げて，それぞれの内容を合計200字程度で記述する。

　本論では，それぞれの力をどのように発揮するのかを説明する。「組織マネジメント力」「OJT推進・人材育成力」は，受験者が新人としてチーム学校の一員になる上で重要なことなどを書く。「危機管理力」は，自然災害や犯罪から児童生徒の命を守るための取り組みなどを書く。「家庭・地域とのネットワーク構築力」では，現代社会や経済の変化の早さを踏まえて，校外，地域，さらには保護者の知見や経験などを積極的に活用しながら，児童生徒にとって最善の教育をコーディネートしていくことなどを書く。この本論は，450字程度でまとめる。

　結論では，徳島県教員として採用された場合，前記の取り組みを確実に実践する決意を150字程度で述べ，論文をまとめる。

2022年度　論作文実施問題

【全校種・1次試験】　80分・800字以内

●テーマ

> あなたは，子どもたちが生きるこれからの社会をどのように捉えていますか。また，その社会を生き抜いていく子どもたちには，どんな力が必要になると考えますか。さらに，その力を育むために，どのような教育実践をしますか。具体的に述べなさい。

●方針と分析

(方針)

今後，子どもたちが生きる社会について考え，そこで生きていくために必要とされる力が何かを述べる。また，その力を育むための教育実践について具体的に述べる。新学習指導要領の理念に触れながら論じる必要がある。

(分析)

これから子どもたちが生きる社会は，グローバル化の進展や絶え間ない技術革新の時代と考えられる。また，環境問題をはじめとして持続可能な社会の重要性が指摘されている。新学習指導要領では，「これからの学校には，一人一人の児童生徒が自分のよさや可能性を認識するとともに，あらゆる他者を価値ある存在として尊重し，多様な人々と協働しながら様々な社会変化を乗り越え，豊かな人生を切り拓き，持続可能な社会の創り手となることができるようにすることが求められる」としている。これが今回の改訂の基本方針である「未来の創り手となるために必要な力の育成」という考え方につながっていく。また，これは「生きる力」に通じるものでもある。

　育成すべき資質・能力は，①知識・技能の習得，②思考力・判断力・表現力等の育成，③学びに向かう力・人間性の涵養，といった要素からなる。この3つをバランスよく育むことが肝要である。学習の基盤となる資質・能力としては，言語能力，情報モラルを含む情報活用能力，問題発見・解決能力などが重要である。

　設問の趣旨である「社会の担い手となる子どもたちに必要となる力」として，具体的にどのような力を身に付けさせたいのか，どのような教育活動を通して身に付けさせるのかについて，受験する校種や教科に即して論じる必要がある。激しい社会変化は，学校で学んだことを社会の中で生かし，主体的に学びに向かい，学び続け，持続可能な社会を創造していく能力を求めている。そうした力の育成に向けた実践について自分なりに考察したい。

　県が求める教員像にもあるが，教師としてのチャレンジ精神が感じられるように主張したいものである。

●作成のポイント

　序論・本論・結論の三部構成で述べるとよい。序論では，これからの社会についてのイメージと，そこで必要な力について考えを述べる。「未来の担い手となる子どもたちに必要な資質能力」について，それが必要とされる理由に触れて述べたい。子どもたちに学校での学びと社会との関わりを意識させる点がポイントである。この部分に300字程度を充てる。

　本論は，そうした力を身に付けさせるために，どのような実践を行うかについて400字程度で論述する。本論の柱立ては校種によるが，例えば，「1.子どもの問題意識を大切にし，言語活動を取り入れた学習」「2.学校での学びと実生活での関わりを考えさせる学習」などを方策の柱として，タイトルを付けておくと効果的である。これは，読み手に対して親切なだけでなく，書き手にとっても，論点の焦点化が図られ，的を絞った論述になりやすいという点で有効である。

　結論では，子どもにとって必要な力を育むための研究・研修に励み，

徳島県の教師として自己研鑽に努め，情熱をもって教育にあたる旨の強い決意を述べて結びとする。この結論部分に100字程度を充てる。徳島県の求める教員像にもあるように，「主体的に学び続ける教師」を意識して表現しよう。80分の中に，構想の時間と点検の時間を含められるよう，日頃から練習しておきたい。

2021年度　論作文実施問題

【全校種・2次試験】　80分　800字以内

●テーマ

> 　徳島教育大綱(令和元年八月)では，基本方針として，「未知の世界に果敢に挑戦する，夢と志あふれる『人財』の育成」があげられています。このことを踏まえ，あなたはどのような教育実践をしますか。具体的に述べなさい。

●方針と分析

(方針)

　大綱の基本方針にある「人財の育成」について，その趣旨を「激しく変化する社会の中で，主体的によりよく判断し，チャレンジ精神をもって行動する人づくり」と解釈し，教師としての取組を論じる。「人材」をあえて「人財」と記している点にも着目したい。

(分析)

　大綱の中では，人財の具体像として，「未来を切り拓いていく人財」，「新たな価値を創造していく人財」，「地域を輝かせる人財」が挙げられている。人材の「材」を「財」としているが，これは「人は財産，財宝のように貴重なもの」という価値観から来る。一人一人の児童生徒が，日本にとって財産であることは勿論だが，特に郷土・徳島にとっての財産であることは論を待たない。「郷土を愛し，その発展を願う人」の育成を視点として明確にもっておきたい。

　また，課題文の中に「未知の世界に果敢に挑戦する」とあるが，こうしたチャレンジ精神は，基礎的・基本的な知識・技能と同時に，自己肯定感や自己有用感なしには期待できない。さらに，コミュニケー

ション能力や情報活用能力の育成も課題と言える。「SDGs」，「Society5.0」，グローバル化への対応など，新たな時代に求められる教育の推進に関する見識も示しておく必要がある。ただし，本論においては，教師としての具体的な方策，取組を中心に述べる。「…と考える。」よりも「…する。」を基調としよう。

●作成のポイント

　全体を序論，本論，結論の三部で構成する。序論では，徳島教育大綱の基本方針について，概論的に自身の捉え方を述べる。同大綱の重点項目Ⅰとして「未知への挑戦！　未来を創る教育の推進」が掲げられており，その中に「持続可能な社会を具現化する『徳島ならでは』の教育の推進」(環境教育の充実など)がある。また，重点項目Ⅱとして「夢と志を実現！　確かな学びを育む教育の推進」が掲げられており，その中に「深い学び」や「キャリア教育」が含まれることについて十分に認識しておきたい。本論では，序論で受け止めた課題に対する方策を述べる。800字制限なので，2本立ての柱でまとめることが妥当である。例えば，「深い学びの実現」を受けて，「主体的・対話的で深い学び」を想起し，アクティブ・ラーニングの手法に関連した内容にすることが考えられる。また，同大綱の重点項目Ⅴに関係するが，「『ふるさと徳島』への誇りと郷土愛を育む教育の推進」に関連した内容とすることも効果的である。結論では，徳島県の教師としての決意を，研究・研修など，自己研鑽への意欲とともに述べるとよい。

2020年度　論作文実施問題

【小学校教諭・2次試験】 80分　800字以内

●テーマ

> あなたは児童生徒の「たくましさ」をどのようにとらえ，その育成のためにどのように取り組みますか。具体的に書きなさい。

●方針と分析

(方針)

児童生徒の「たくましさ」について，自分がどのようにとらえるのかを説明した上で，その育成のためにどのように取り組むかについて論述する。

(分析)

本問は「たくましさ」をどのようにとらえるかについて，その論述がまず求められている。辞書を紐解くと，その意味のひとつとして，「意志が強く，多少のことではくじけない」旨が説明されている。最近継続して物事をすることができない青少年(いいかえるとすぐに飽きてしまう青少年)や，へこたれてしまう青少年の増加が指摘されている。そこで，本問で求められている「たくましさ」に関しては，「意志が強い」とか「へこたれない」旨を説明するのがよいであろう。

次にその育成のための具体的な取り組みであるが，その考察で参考になる資料として，国立青少年教育振興機構「子供の頃の体験がはぐくむ力とその成果に関する調査研究」がある。この報告書において，家庭，地域(放課後や休日)，学校における体験の多寡とへこたれない力との関係をみると，子供の頃，家庭で「基本的生活習慣」「お手伝い」「家族行事」，地域で「公園や広場で友だちと外遊びをしたこと」

「友だちの家や自宅で友だちと室内遊びをしたこと」「スポーツクラブや少年団で活動したこと」「文化系の習い事に通ったこと」,学校で「児童会・生徒会の役員」「体育祭や文化祭の実行委員」「部活動の部長や役員」「運動系部活動で活動したこと」を経験したことがある人ほど,へこたれない力が高くなる傾向がみられたとの指摘がある。この指摘を踏まえると,さまざまな体験をすることがへこたれない力の育成につながることがわかる。そこで,本問ではへこたれない力を育成するために学校の教育活動の中でどのような体験活動を充実させるかについて考察し,論述するのがよいと考える。

なお,徳島県教育大綱が「とくしまの未来を切り拓く,夢あふれる『人財』の育成」を基本方針に掲げていることが,この出題の背景にあると思われる。

●作成のポイント

ここでは,序論・本論・結論の3段構成でまとめる例を挙げる。

序論として,児童生徒の「たくましさ」を,自分がどうとらえるのかについて論述する。分析で紹介した資料を根拠として述べてもよい。字数は200字程度とする。

本論として,その育成のためにどのような取り組みを行うかについて論述する。教科学習や特別活動等2～3の場面について,それぞれ育成の計画を述べるのもよい。その際は,自分構想については,学習指導要領の内容に即して述べる。字数500字程度とする。

結論では,教職についたら論述したことを実践し,児童生徒の成長のために尽力することなどを述べてまとめる。字数は100字程度とする。

【小学校教諭以外・2次試験】80分　800字以内

●テーマ

> 　これからの時代を生き抜くためには，答えのない課題にも粘り強く取り組むことができる力が必要であると言われています。児童生徒がそうした力を身につけられるよう，あなたは教師としてどのような教育実践をしますか。具体的に述べなさい。

●方針と分析

(方針)

　これからの時代を生き抜くために，答えのない課題にも粘り強く取り組むことができる力をもつ児童生徒を育成するために，教師としてどのような教育実践を行うか論述する。

(分析)

　本問出題の背景として次の点を指摘することができる。徳島県教育大綱(令和元年8月)は基本方針として「未知の世界に果敢に挑戦する，夢と志あふれる『人財』の育成」を掲げ，「『徳島ならでは』の教育により，大きな夢や高い目標を持って，未知の世界に果敢に挑戦する，本県の宝である『人財』の育成をめざします。」と説明する。この「人財」について「人口減少の進行や，超スマート社会『Society5.0』の到来など，社会のあり方が大きく変わる中で，自らの将来をしっかりと見据え，未知の事象に対しても果敢に挑み，主体的に課題を解決していく力を身に付け，未来を切り拓いていく人財」，「人と人，人と地域のつながりの中で，多様性を認め合い，他者を思いやる心と健やかな体を育むとともに，生涯を通じて学び，成長を続けながら，新たな価値を創造していく人財」，「本県の豊かな自然や世界に誇るあわ文化などの魅力を実感し，徳島への郷土愛や誇りを持ち，持続可能な社会づくりの担い手として，地域を輝かせる人材」と，さらに説明している。本問はこうした教育振興基本計画を受けて，特に「答えのない課題にも粘り強く取り組むことができる力」を持つ児童生徒を育成するために行いたい具体的な取り組みを問うたと考えられる。

　次に，なぜ「答えのない課題にも粘り強く取り組むことができる力」

の育成が求められるかについてであるが，この背景について，次のことを指摘することができる。情報化やグローバル化に加え，人工知能の進化などにより，社会は加速度的に変化する中で，人工知能が人間の職業を奪うのではないかなどの指摘がある。しかしながら，人間には多様な文脈が複雑に入り交じった環境の中でも，場面や状況を理解して自ら目的を設定し，その目的に応じて必要な情報を見いだし，情報を基に深く理解して自分の考えをまとめたり，相手にふさわしい表現を工夫したり，答えのない課題に対して，多様な他者と協働しながら目的に応じた納得解を見いだしたりすることができるという強みを持っている(中央教育審議会答申「幼稚園，小学校，中学校，高等学校及び特別支援学校の学習指導要領等の改善及び必要な方策等について」参照)。その強みを最大限生かすために，子供たちに，「答えのない課題にも粘り強く取り組むことができる力」を身に付けさせる必要があるのである。

その力を育成するための取り組みとしては，まず「答えのない課題」という点に着目して課題解決型授業の展開が考えられる。また「粘り強く取り組む」という点に着目すると，体験活動の展開などが考えられる。各自自分がやってみたい実践を考察したい。

●作成のポイント

ここでは，序論・本論・結論の3段構成でまとめる例を挙げる。

序論として，なぜ答えのない課題に粘り強く取り組むことができる力の育成が求められるのか，その背景も踏まえ200字程度で論述する。分析で紹介した資料を根拠に述べるとよい。

本論では，粘り強く取り組む力を身に付けさせるための教育実践について述べる。教科指導，特別活動など，自分が生徒に力を付けさせることが可能なことを中心に，2つ程度事例を挙げて具体的に述べる。500字程度で論述する。

結論では，教職についたら，論述したことを実践し，生徒の育成に尽力する旨を述べて，100字程度でまとめる。

2019年度　論作文実施問題

【全校種・2次試験】80分・800字以内

●テーマ

あなたが教員として，これからの社会を生きる児童生徒に最も身に付けさせたい力は何ですか。また，そのために，どのような教育実践に取り組みますか。具体的に述べなさい。

●方針と分析

(方針)

これからの社会を生きる児童生徒に身に付けさせたい力とそのために取り組みたい教育実践を論述する。

(分析)

本問作成にあたって新学習指導要領を意識したい。なぜなら，新学習指導要領は育成を目指す資質能力の明確化を重視しており，この「育成を目指す資質能力」と，本問で問われている「これからの社会を生きる児童生徒に身に付けさせたい力」は類似の内容だからである。この「育成を目指す資質能力」について参考になる資料が，中央教育審議会答申「幼稚園，小学校，中学校，高等学校及び特別支援学校の学習指導要領等の改善及び必要な方策等について」(平成28年12月21日)である。答申は，知識・情報・技術をめぐる変化の早さが加速度的となり，情報化やグローバル化といった社会的変化が，人間の予測を超えて進展していると指摘する。また，人工知能が発達し人間の職業を奪うのではないかと言われているが，人間は感性を働かせながらどのように社会や人生をよりよいものにしていくのかという目的を自ら考え出すことができることや，答えのない課題に対して，多様な他者

と協働しながら目的に応じた納得解を見いだすことができるという強みを持っていることも指摘する。こうして，どのように社会や人生をよりよいものにしていくのかを考え，主体的に学び続けて自ら能力を引き出し，自分なりに試行錯誤したり，多様な他者と協働したりして，新たな価値を生み出すために必要な力を身に付けることが必要であるとして，こうした力が身に付くように教育課程を改善していく必要があるとする。その上で，生きて働く「知識・技能」の習得，未知の状況にも対応できる「思考力・判断力・表現力等」の育成，学びを人生や社会に生かそうとする「学びに向かう力・人間性等」の涵養という「育成を目指す資質能力」の3つの柱を示す。この3つの柱は新学習指導要領の「第1章　総則」の冒頭部分で示されている。

　また本問検討で参考になるのは，第3期の徳島県教育振興基本計画(平成30年3月)である。これは，第2期の徳島県教育振興基本計画の成果と課題を踏まえて，平成30年からの5年間の行動計画をまとめたものである。この中にも，新学習指導要領，特に「育成を目指す資質能力」に関連した記述が散見される。

　上記の資料をもとに自分なりに児童生徒に最も身に付けさせたい力を考察したい。

●作成のポイント

　「序論」「本論」「結論」の3段構成でまとめる。

　「序論」では，志望校種及び教科に応じて，児童生徒に最も身に付けさせたい力をその理由とともに述べる。字数は200字程度とする。

　「本論」では，序論を踏まえ，その力を身に付けさせるための教育実践を述べる。ここでは，授業や活動での実践例を2つ程度挙げて具体的に示す必要がある。各教科における「思考力・判断力・表現力等」の育成であるならば，新学習指導要領の各教科の目標に準じて記述するなどがよいであろう。生きて働く「知識・技能」の習得についてであるならば，特別の教科　道徳や特別活動の時間を利用し実践するなどもよいであろう。字数は450字程度とする

　「結論」では，まとめとして，教職についたならば記述したことに熱心に取り組むことを記述し，教職に対する自分の熱意を示す。字数は150字程度とする。

　なお，自治体の公表する「評価の観点」として，「(1)出題の意図が確実にとらえられているか。」，「(2)内容が具体的な記述となっているか。」，「(3)教職に対する意欲が読み取れるか。」，「(4)段落の構成，序論・結論などに配慮し，分かりやすい文章構成となっているか。」，「(5)適切な文章表現となっているか(文法上の乱れはないか。句読点の使い方は正しいか。誤字，あて字，送り仮名の誤りはないか。原稿用紙の正しい使い方になっているか等)。」が示されているので注意すること。

2018年度	論作文実施問題

【全校種・2次試験】

●テーマ

あなたは，社会情勢がめまぐるしく変化する今，どのような力を高めていこうと考えますか。

また，それを教育実践にどう生かしていきますか。具体的に述べなさい。

※審査時間は80分で，字数は800字以内とする。

●方針と分析

(方針)

社会情勢が目まぐるしく変化する今，自分がどのような力を高めていこうと考えているかにつき論述する。それを踏まえた上で，それを教育実践にどう生かしていくかを論述する。

(分析)

徳島県教育大綱は「とくしまの未来を切り拓く，夢あふれる『人材』の育成」を「基本方針」として掲げ，「社会のグローバル化，社会化，少子高齢化など，社会情勢が目まぐるしく変化する時代において，様々な課題の解決に向けて，新しい視点や発想に基づく価値を創造し，自らの行動により，未来を切り拓いていく人材」をその具体像のひとつにあげている。一方，徳島県教育振興基本計画(第2期)は「地域とともに，新たな価値を創造し，未来を切り拓く人を育てます」「郷土への誇りと国際的な視野を持ち，社会に貢献する人を育てます」という2点を基本理念として掲げ，この基本理念を実現するために「とくしまの教育力を結集し，未来を創造する，たくましい人づくり～県民と

ともに考え，ともに育むオンリーワン教育の実現〜」という基本目標を示す。さらに，基本目標を達成するために，5つの基本方針を掲げているが，その基本方針1として「新たな価値を創りだし，未来を飛躍する人を育てる教育の実現」を示す。上記の記述からすれば，教員として高めなければならない力を，新しい価値を創造し，未来を切り拓く人材を育成できる力と設定するのが妥当であると思われる。では，その力を具体的にどのように設定するのか。この点，参考になるのは，基本方針1の推進項目として，「キャリア教育の推進」「グローバル化に対応した教育の推進」「ICT活用の育成」「スポーツ文化の創造」「伝統文化の継承と文化芸術の創造」が列挙されている。そこで，こうした教育活動をひとつかふたつピックアップしてその教育活動を展開できる力を高めていく旨と，その力を教育実践にどう生かしていくかにつき論述するのが妥当と思われる。

●作成のポイント

　一般的な論文の構成である「序論」「本論」「結論」の構成によってわかりやすく作成したい。

　「序論」は端的に社会情勢が目まぐるしく変化する中，新たな価値を創造し，未来を切り拓く人材を育成できる力を高めたい旨を論述したい。字数は100字程度でよいであろう。

　「本論」は，「キャリア教育」や「グローバル化に対応した教育」等を展開できる力とその力をさらに具体化し，その力をどう高めていくかを論述した上で，その力を教育実践にどのようにつなげていくかを論述したい。字数は600字程度でよいであろう。

　「まとめ」として，記述したことに熱心に取り組む旨を論述し，教職に対する熱意を採点官にアピールしたい。字数は100字程度でよいであろう。

　なお，自治体の公表する「評価の観点」として，「(1) 出題の意図が確実にとらえられているか」，「(2) 内容が具体的な記述となっているか」，「(3) 教職に対する意欲が読み取れるか」，「(4) 段落の構成，序

論・結論等に配慮し，分かりやすい文章構成となっているか」，「(5) 適
切な文章表現となっているか(文法上の乱れはないか。句読点の使い方
は正しいか。誤字，あて字，送り仮名の誤りはないか。原稿用紙の正
しい使い方になっているか等)」が示されている。注意したい。

２０１７年度　論作文実施問題

【全校種・2次試験】

●テーマ

徳島教育大綱(平成27年12月)では，基本方針として「とくしまの未来を切り拓く，夢あふれる『人財』の育成」があげられています。このことを踏まえ，あなたは，どのような教育実践をしますか。具体的に述べなさい。

※審査時間は80分で，字数は800字以内とする。

●方針と分析

(方針)

徳島教育大綱の基本方針を踏まえ，どのような教育実践をしたいと考えるか，具体的に論述する。

(分析)

上記大綱の掲げる「人財」の具体像は必ず確認しておきたい。また，同大綱の理念を実現するための行動計画である「徳島県教育振興計画(第2期)〜阿波っ子みらい教育プラン〜」では，「とくしまの教育力を結集し，未来を想像する，たくましい人づくり〜県民とともに考え，ともに育むオンリーワン教育の実現〜」を基本目標として，5つの基本方針と27の推進項目を定めている。これらの中身を参考にして，どのような取り組みをすることで，『人財』の育成ができるかを考えてみるとよい。たとえば，基本方針1「新たな価値を創り出し，未来へ飛躍する人を育てる教育の実現」では，「キャリア教育の推進」，「グローバル化に対応した教育の推進」，「ICT活用能力の育成」，「スポーツ文化の創造」，「伝統文化の継承と文化芸術の創造」があげられてい

る。1つの視点だけで論を展開するのではなく，複数の内容を加味して，展開をしたほうが具体的な取り組みも書きやすいであろう。

●作成のポイント

　序論・本論・結論の3段落構成で論じるとよい。それぞれの段落は関連性がなければならない。段落相互の関係に矛盾がないかを確認しながら書く必要がある。

　序論では，基本方針の「とくしまの未来を切り拓く，夢あふれる『人財』の育成」について自分の考えを示す。ここで書く内容が，本論で述べる具体的な取り組みと矛盾がないように気をつけなければならない。また，本論が中心となるので，あまり多く書き過ぎないように注意する必要がある。

　本論は具体的な取り組みを述べるところである。「具体的に」とあるので，現場で実践できるものを書かなければならない。取り組みたいことはいろいろと思い浮かぶと思われるが，今回のテーマ「『人財』の育成」に沿った具体例を書く必要がある。様々な視点から児童生徒を成長させることを考えていかなければならない。

　結論では，今までの内容を簡潔にまとめ，最後に教師としての決意を書いて仕上げるとよい。

　なお，公式の「評価の観点」として，「(1)　出題の意図が確実にとらえられているか」，「(2)　内容が具体的な記述となっているか」，「(3)　教職に対する意欲が読み取れるか」，「(4)　段落の構成，序論・結論等に配慮し，分かりやすい文章構成となっているか」，「(5)　適切な文章表現となっているか(文法上の乱れはないか。句読点の使い方は正しいか。誤字，あて字，送り仮名の誤りはないか。原稿用紙の正しい使い方になっているか等)」が示されているので，参照されたい。

2016年度　論作文実施問題

【小学校教諭・中学校教諭・高等学校教諭・特別支援学校教諭・2次試験】

●テーマ

　次期学習指導要領でも，「アクティブ・ラーニング」などの，児童・生徒が主体的に活動しながら学ぶ学習形態・指導方法が重視されています。今，それが重視される背景を踏まえ，あなたはどのような教育実践を行いますか。具体的に述べなさい。
※審査時間は80分で，字数は800字以内とする。

●方針と分析

（方針）

　児童・生徒が主体的に活動しながら学ぶ学習形態・指導方法が重視されている背景を説明し，どのようにそれを取り込んだ教育実践をするか，具体的に論述する。

（分析）

　「アクティブ・ラーニング」について，平成24年8月の中央教育審議会答申「新たな未来を築くための大学教育の質的転換に向けて～生涯学び続け，主体的に考える力を育成する大学へ～」では「学修者が能動的に学修することによって，認知的，倫理的，社会的能力，教養，知識，経験を含めた汎用的能力の育成を図る」能動的学修のことだと定義している。具体的には，発見学習，問題解決学習，体験学習，調査学習，教室内でのグループ・ディスカッション，ディベート，グループワークなどの実践があげられている。また，このような学習形態・指導方法が重視される背景を同答申では，「我が国においては，

急速に進展するグローバル化，少子高齢化による人口構造の変化，エネルギーや資源，食料等の供給問題，地域間の格差の広がりなどの問題が急速に浮上している中で，社会の仕組みが大きく変容し，これまでの価値観が根本的に見直されつつある。このような状況は，今後長期にわたり持続するものと考えられる。このような時代に生き，社会に貢献していくには，想定外の事態に遭遇したときに，そこに存在する問題を発見し，それを解決するための道筋を見定める能力が求められる」と示している。以上のことを踏まえた論述としたい。また，具体的な教育実践は，目標設定→実践→評価→改善のPDCAサイクルに沿った形で提示すると流れをおさえやすくなる。

●作成のポイント

　全体を3～4段落に分けて考える。1段目は，「アクティブ・ラーニング」などの主体的な学びの定義について述べ，なぜ今の教育で必要なのかを説明する。文字数は150字程度を目安とする。

　2段目は，そもそも主体的な活動・学びの本質について説明する。主体的な学びが必要になった背景を分析しながら，児童生徒がこれから巣立っていく社会の変化に触れるとよい。250字前後を目安とする。

　3段目は，主体的な学びの姿勢を，具体的にどのように育てていくのか，自分なりの方策を示す。自らが抱いた問いを出発点とすることで，追究の過程において，教員の意図的な働き掛けを通して，生徒の思考が連続して流れるような授業を構成することを目指す。解法の説明を課すことに加えて，理科の実験レポートの作成，社会科学上の論作文の作成や集団討論などを例に，具体例を2つ程度提示してもよい。この部分が論述の中心となるように300～350字程度の記述を目指し，必要に応じて段落を2つに分けてもよいだろう。

　最後の段落では結論として，徳島県の教員として主体的な学びに携わる自身の意気込み，主体的な学びの理想的な姿の展望について，簡潔にまとめればよい。

【小・中・高等学校養護教諭・2次試験】

●テーマ

　あなたは「チーム学校」の一員としてどのような教育実践を行います。具体的に述べなさい。

※審査時間は80分で，字数は800字以内とする。

●方針と分析

(方針)

　「チーム学校」とは何かを説明した上で，その一員としてどのような教育実践を行うか，養護教諭の立場から論述する。

(分析)

　教育再生実行会議が報告した「今後の学制等の在り方について(第五次提言)」(平成26年7月)を受けた文部科学大臣諮問に基づいてまとめられた「チームとしての学校の在り方と今後の改善方策について(答申)」(平成27年12月中央教育審議会)では，「チームとしての学校」像を「校長のリーダーシップの下，カリキュラム，日々の教育活動，学校の資源が一体的にマネジメントされ，教職員や学校内の多様な人材が，それぞれの専門性を生かして能力を発揮し，子供たちに必要な資質・能力を確実に身に付けさせることができる学校」と定義している。また，「チームとしての学校」が求められる背景として，社会や経済の変化に伴い，子供や家庭，地域社会も変容し，生徒指導や特別支援教育等に関わる課題が複雑化・多様化しており，学校や教員だけでは十分に解決することができない課題が増えていること，我が国の学校や教員は欧米諸国の学校と比較すると幅広い業務を担い，労働時間も長いことがあげられている。このような状況に対応していくために「チームとしての学校」として必要な指導体制を整備することが求められる。その上で，生徒指導や特別支援教育等を充実していくために，学校や教員が心理や福祉等の専門家(専門スタッフ)や専門機関と連

携・分担する体制を整備し，学校の機能を強化していくことが重要である。

　同答申では養護教諭の現状および成果と課題についてもまとめられている。それによると，養護教諭は児童生徒等の養護をつかさどるとともに，「児童生徒等の健康問題について，関係職員の連携体制の中心を担っている」としている。そして今後は，児童生徒の心身に関わる変調のサインを把握しやすい立場にあることがより重視され，スクールカウンセラーやスクールソーシャルワーカー等の専門スタッフとの協働のための仕組みやルールづくりを進める役割が一層求められることとなる。論述では，これらの点をおさえておきたい。

●作成のポイント

　全体を序論・本論・結論の3段構成とする。注意点は，「チーム学校」の一員としての養護教諭の役目は何かをふまえながら，養護教諭の職務に注力することに関わらせた内容にまとめることである。よって，養護教諭として児童生徒の個人的な相談にのることへの意欲に終始するものなどは，採点の対象外になるので気をつけたい。

　序論では「チーム学校」の定義の説明を行い，その中で養護教諭に求められる役目について述べるとよい。

　本論は，重点をおくべきポイントの説明と教育実践の提示である。ここは，児童生徒への具体的な個別指導や集団指導の場面を想定し，外部の機関とどのように連携するのかを示しながら説明する。一例として，皆勤を目指す生徒がインフルエンザや肺結核などの感染症に罹患し，無理に登校した場合の個別指導がある。養護教諭はすべてを一人で抱え込まず，医療の専門家である校医に依頼して，校医の専門的知見によって児童生徒や保護者に説得してもらうという指導が有り得る。

　結論は，本論で示した教育実践のために必要な能力について触れながら，徳島県の養護教諭として「チーム学校」の一員の役割を果たしていく決意を述べて締めくくりたい。

2015年度 論作文実施問題

【全校種・2次試験】

●テーマ

　あなたは，子どもたちが，これからの社会を生き抜くために，どのような力が必要だと考えますか。また，そのような力を付けるために，あなたは教員としてどのような教育実践を進めていこうと思いますか。具体的に述べなさい。

※審査時間は80分で，字数は800字以内とする。

※題は書かずに直接1行目から本文を書き始めること。

●方針と分析

（方針）

　これからの社会を生き抜くために，子どもたちにはどのような力が必要で，そのような力を付けるために教員としてどのような教育実践を進めていきたいか，自分の考えを具体的に論述する。

（分析）

　徳島県教育振興計画(第2期)である「阿波っ子みらい教育プラン」では，平成25～29年度の5年間に取り組む施策の基本方針の一つに「知・徳・体の調和がとれ，社会を生き抜く力を育てる教育の実現」を掲げている。ここで示されている「社会を生き抜く力」とは，現行学習指導要領で育成をめざす「生きる力」と同義のものである。したがって本問は，「確かな学力」「豊かな心」「健やかな体」を育むためにどのような教育実践を提示できるかという，教員志望者としての基礎的な資質を問うものだととらえることができる。

　受験者各自の専門分野や関心の高い教育課題について，前出の基本

方針に基づく主な施策(学力向上策の推進，道徳教育の充実，学校体育の充実と運動習慣の確立，相談支援体制の充実，教育活動全体を通じた人権教育の充実，芸術文化活動の活性化等)から自分が理想とする教育実践の方向性を見出しておくと，より具体的な案を作成することができるだろう。日頃より，徳島県の教育課題・施策を自分の問題意識の視点から考察し，指導案のシミュレーションを行うなどの練習を積んでおきたい。

●作成のポイント

　構成は序論・本論・結論の三段構成を基本にすればよいだろう。序論では，問題文から考察対象をピックアップしていく。たとえば「これからの社会を生き抜くために」という一節より，「阿波っ子みらい教育プラン」で述べられている徳島県の現状や教育課題を下地として「これからの社会」とはどのようなものか提示し，その予想を端的に示す。次に，その考察で明らかにした近未来の社会を生き抜くためにどんな力が必要だろうかと，問題文の要求を変換して自らの問いを立てる。本論では，その問いの答えを探す形で考察を進める。校種によって具体的に取り上げる力も異なってくるだろう。小学校ならば「がまんする力」，高等学校ならば，「対人関係構築力」など，その校種の児童生徒が聞いても理解できる力を具体的に取り上げ，なぜその力が必要なのか理由を考察する。教員は実務家であるという心構えをもち，実践のあり方を問われたら，むしろ進んでそのあり方を具体的に説示できるよう準備しておきたい。ただし，相手の要求にそう形で自身が説明する必要があり，準備して暗記してきた内容を書き出したような文章にならないよう注意しよう。結論では，自身が考える教育実践が，目的に適い子どもたちが社会を生き抜く力を育むものであることを端的に再確認して締めくくろう。

　最後に，出題の意図を確実にとらえられたか，内容が具体的な記述となったか，教職に対する意欲を表出できたか，分かりやすい文章構成となったか(段落の構成，序論・結論等の配慮)，適切な文章表現と

　なったか(文法上の乱れはないか，句読点の使い方は正しいか，誤字，あて字，送り仮名の誤りはないか，原稿用紙の使い方は正しいか等)，といった観点で見直しを行い，望みうる最善の答案としよう。

2014年度　論作文実施問題

【小学校教諭，中学校教諭，中・高等学校教諭(音楽・家庭)，小・中・高等学校養護教諭】

●テーマ

> あなたの「目指す教師像」について述べなさい。また，その教師像に近づくために，今までにどのような努力をしてきたのか，これからどのような教育実践に取り組みたいと考えているか，具体的に述べなさい。
> ※800字，試験時間80分

●方針と分析

(方針)

「目指す教師像」に関する自分の考えを述べ，その後に「今までにどのような努力をしてきたのか」を書き，「どのような教育実践に取り組みたい」かを書く。非常にシンプルであるがゆえに，普段からどれだけ教師になりたいと考えているか，その深みが如実に記述に表れる問題となっている。

(分析)

個々の教師が持っている具体的な考えに違いはあっても，最終的な目標は，児童生徒に「生きる力」を身につけさせるということに違いはないはずである。「生きる力」は学問だけではなく，心や体を育てることも大切になってくる。つまり，三つのバランスをとりながら指導していかなければならないのである。この点を踏まえて，自身が今までどのような努力をしてきたか，そして，今後どのようなことに取り組んでいきたいかを述べるとよい。

●作成のポイント

　序論では，目指す教師像についての自身の考えを述べる。教師像についての課題であるが，児童生徒の現状を踏まえたうえで考えを述べるという方法も考えられる。全体の4分の1程度でまとめる。

　本論では，序論で述べた自分の考えを踏まえて，実際にどのようなことに取り組んでいくのかを書く。学問だけでなく，心や体も育てるためには，一方的な指導では理想は理想のままで終わってしまうであろう。常に児童生徒のことを考えながら，必要あらば軌道修正をしながら，指導をしていくということが大切である。全体の2分の1程度を使ってまとめるとよい。

　結論では，今までの内容を簡潔にまとめ，教師としての決意を述べて文章を仕上げるとよい。目指す教師像，取り組んできたこと，これから取り組みたいことの三点を簡潔にまとめることが大切である。全体の4分の1程度でまとめるとよい。

【中・高等学校教諭(美術)，高等学校教諭，特別支援学校教諭】

●テーマ

　徳島県教育振興計画(第2期)において，「確かな学力の育成」を推進するための施策の一つとして，「コミュニケーション能力の育成」があげられています。あなたは，児童生徒のコミュニケーション能力を育むために，どのように取り組みますか。具体的に述べなさい。

※800字，試験時間80分

●方針と分析

(方針)

　課題にある「コミュニケーション能力の育成」に関する自分の考えを述べる。注意しておきたいのが，コミュニケーション能力の育成が

なぜ学力の育成につながるのかということを自分なりに理解・納得して
おく必要があるという点である。直接言及する必要はないが，これ
を踏まえた上で答案構成に取りかからなければ，論の軸がぶれてしま
うおそれがあるからである。またその際，児童生徒を取り巻く環境に
ついて論じることも大切である。その後に，具体的に取り組んでいき
たいことを述べる。

(分析)

　徳島県教育振興計画(第2期)において「コミュニケーション能力の育
成」に関する「今後の取組」が書かれている。簡潔に述べると，「コ
ミュニケーションの手段として言葉だけではなく身体表現なども用い
る」，「身近な人と伝え合う楽しさや喜びを実感することができるよう
に配慮する」，「コミュニケーション能力を育むための取組や活動を設
定する」，「発言できる環境づくり」などが挙げられている。これらを
参考に自身が実際に取り組んでいくことを考えてみるとよい。

●作成のポイント

　序論は，課題に対する自分の考えを明記するところである。それと
ともに，児童生徒を取り巻く環境について書くと自分の意見がさらに
分かりやすくなる。ここは全体の4分の1程度でまとめる。

　本論では，序論で述べた自分の考えを踏まえて，実際にどのような
ことに取り組んでいくのかを書く。コミュニケーション能力は一方的
な指導で身に付けられるものではない。児童生徒が自ら行うという気
持ちにさせる必要がある。そのための環境づくりをすることは必要不
可欠であると考えられる。全体の2分の1程度を使ってまとめるとよい。

　結論では，今までの内容を簡潔にまとめ，教師としての決意を述べ
て文章を仕上げるとよい。まとめの部分であるから，細かく書かず，
最も伝えたいことを簡潔にまとめるように意識したい。全体の4分の1
程度を使うとよい。

2013年度　論作文実施問題

【小学校教諭，中学校教諭，中高音楽，中高家庭，養護教諭・1次試験】
80分 800字以内

●テーマ

> あなたは，児童生徒の「自ら学び，自ら考える力」を育成するために，どのような教育を実践したいと考えていますか。具体的に述べなさい。

●方針と分析

（方針）

児童生徒の「自ら学び，自ら考える力」を育成するために，どのような教育実践をしたいと考えるか，具体的に述べる。

（分析）

平成20年1月中央教育審議会は「幼稚園，小学校，中学校，高等学校及び特別支援学校の学習指導要領等の改善について」の答申の中で，今日の児童生徒に対して，幾つかの喫緊の教育課題の中で「自ら学び，自ら考える力」を育成することの重要性について触れている。

新しい学習指導要領を改訂する際の「基本的な考え方」について示した7項目の中の「基礎的・基本的な知識・技能の習得」「思考力・判断力・表現力等の育成」「学習意欲の向上や学習習慣の確立」は，いずれも児童生徒の「自ら学び，自ら考える力」を身に付けさせるために必要な指導上の視点を示している。また「教育内容に関する主な改善事項」として最初に言語活動を充実し言語活動を行う能力の育成を提起した。児童生徒の「自ら学び，自ら考える力」を育成するための教育実践として，上記の答申に提起された内容を踏まえて，教科など

の学習指導や特別活動の工夫を学校の教育活動全体に位置付けて取り組むことが必要である。

●作成のポイント

作成にあたって，一般論ではなく自分の希望する校種・職種・教科を踏まえて，具体的な教育実践策を述べることがポイントである。特に，養護教諭希望者はその点に留意する。

序論は150字程度で，今日児童生徒の「自ら学び，自ら考える力」を育成することの重要性について述べる。養護教諭希望者は，その職種を通して，どのようなことについて「自ら学び，自ら考える力」を育成するのかという視点を踏まえて述べる。

本論は550字程度で，中・高校希望者は自分の希望する校種の担当する教科において，「自ら学び，自ら考える力」を育成する指導の工夫策について述べる。小学校希望者は，各教科や総合的な学習の時間に共通した具体策，学級活動における指導の工夫について述べる。その際，教科については1つの主要教科を例にした各教科の具体策を述べてもよい。養護教諭希望者は，序論で述べたことを受けて，どのようなことについて，どのような方法で「自ら学び，自ら考える力」を育成するのかという具体策を述べる。例えば，児童生徒に自らの成長や健康，食の大切さ，規則正しい生活の大切さなどについて，自ら学び自ら考えさせる個別指導や全体指導について述べる。

結論は，児童生徒の「自ら学び，自ら考える力」の育成について，徳島県の教員として自分の希望する校種・職種・教科を通して，全力で取り組む決意を述べる。

【中高美術，高等学校教諭，特別支援学校教諭・1次試験】　80分 800字以内

●テーマ

> 　教育においては，児童生徒に，生命を大切にする心や他人を思いやる心，善悪の判断などの規範意識等を身につけさせることが重要です。
> 　あなたは，こうした児童生徒の道徳性を高めるために，どのような取り組みをしたいと考えていますか。具体的に述べなさい。

●方針と分析

(方針)

　児童生徒に対して，生命を大切にする心や他人を思いやる心，善悪の判断などの規範意識等の道徳性を高めるために，どのような取り組みをしたいと考えるか，具体的に述べる。

(分析)

　今日の児童生徒の実態をみるとき，自他の生命の尊重や他人を思いやる心，規範意識等の道徳性の育成は喫緊の教育課題である。

　文部科学省の実態調査によると毎年150名前後が自殺しており，特に高校生に多い。また数字には出ない自殺未遂の児童生徒は相当数になると考えられる。そのような実態を受けて，平成22年3月に文部科学省が刊行した『生徒指導提要』において「命の教育」を進める必要性を提起した。また規範意識等の道徳性の育成について「学級担任だけでなく，全教職員の共通理解・共通行動に基づく協力体制を整える」，「校内規律は〈守らされているもの〉という意識から，規範の意義を理解し，児童生徒自らが規範を守り行動するという自律性をはぐくむこと」と，取り組む際の視点を提起している。

●作成のポイント

　作成にあたって，自分の希望する校種を踏まえて述べる。

　序論は150字程度で，生命を大切にする心や他人を思いやる心，善悪の判断などの規範意識を身に付けさせることの重要性と，学習指導，特別活動など学校の教育活動全体を通して取り組む必要性があることを述べる。

　本論は550字程度で，①学習指導を通して，②特別活動・生徒指導を通して，③部活動の指導を通して，のように項目立てて，それぞれ具体的な取り組みについて述べる。その際，①については，中学校は道徳の時間を中心とした道徳教育，高等学校の道徳教育，教科授業における規範意識の育成，体験的な活動や奉仕活動の重視，②については学級活動や学校行事の指導における取組，③については，部活動における教育的な指導の工夫，についてそれぞれ留意して述べる。

　結論は，学校教育活動全体に計画的に位置付けて，保護者との理解・協力のもとに全力で取り組む決意を述べる。

2012年度　論作文実施問題

【小学校教諭，中学校教諭，中高教諭(音楽・家庭)，養護教諭・2次試験】

●テーマ

> 　徳島県教育振興計画では，基本目標を「郷土に誇りを持ち，社会の一員として自立した，たくましい人づくり」と定めています。
> 　このことを踏まえ，あなたが教員として児童生徒に必ず伝え，実践させたいと考えていることはどのようなことですか。その実現のための取り組みを具体的に述べなさい。(80分，800字以内)

●方針と分析

(方針)

　基本目標を踏まえ，教員として必ず伝え，実践することを明確にし，具体的取り組みを述べる。

(分析)

　徳島県教育振興計画(以下，本資料)では基本理念，基本目標，基本目標を達成するための基本方針が掲げられている。基本理念の1つに「郷土に誇りを持ち，国際的視野に立って行動できる人を育てます」があるが，これは学習指導要領 総則にある目標「道徳教育は，教育基本法及び学校教育法に定められた…我が国と郷土を愛し，個性豊かな文化の創造を図るとともに，…」からきている。この目標は教育基本法第2条の五「伝統と文化を尊重し，それらを育んできた我が国と郷土を愛するとともに，他国を尊重し，国際社会と平和の発展に寄与する態度を養うこと」の新設に伴う変更である。

　基本目標にある「郷土に誇りを持ち」について，本資料では「本県の恵まれた自然や豊かな郷土の文化，歴史，産業，思いやりに満ちた

人情など，全国に誇ることができるかけがえのない財産についてよく知り，そこから学ぶことにより，徳島を誇りに思い，郷土や社会の発展のために積極的に行動するとともに，国際的視野に立って行動できる人をはぐくむ」としており，具体的取り組みとして，地域の人々から郷土等について学ぶ取り組みの推進，地域団体との連携をあげている。一方，学習指導要領解説 道徳編では「我が国と郷土を愛し…」について，「先人の残した優れた文化的業績とそれを生み出した精神に学び，自らを向上させていくことによって，よりよく生きたいという人間の個人的，社会的な願いを，より広い世代の共感を伴って実現する」とある。

●作成のポイント

　本資料によると「郷土に誇りを持ち」とは，文化，歴史などを学び，郷土・社会発展のために積極的に行動するとともに国際的視野に立つこと，「社会の一員として自立した」とは個性などを認めた上で，自己実現を目指しながら，社会人としての自覚と責任を持つ人を育成すること，「たくましい人づくり」は「生きる力」のことを指す。以上のことについて，伝えたいこと，実践したいことをあげ，具体的な取り組みを述べればよい。「郷土に誇りを持ち」について一例をあげると，大谷焼の歴史，他の陶器と相違点等を学び，実際に陶器を作成することで難しさやすばらしさに触れるといったことが考えられる。

　論文執筆のプロセス例は下記の通りであるが，学習指導要領や本資料に目を通していないと論述することすら難しいが，徳島の文化などまで知っていれば，よい論文ができるだろう。

●論文執筆のプロセス例

序論
・児童生徒に伝え，実践したいことを明確にする ・取りあげた理由(重要性)を述べる

本論
・実際に取り組むことを述べる ・児童生徒にどのような効果・影響があるか推測する

結論
・序論，本論をまとめる ・テーマに沿いつつ，教員としての決意を述べる

【高等学校，特別支援(自立を含む)，中高美術科・2次試験】

●テーマ

> 　これからの学校教育には，社会の変化に対応できるよう，生涯にわたって学び続ける意欲や態度を育むことが求められています。
> 　あなたは，児童生徒にこうした意欲や態度を身に付けさせるためにどのように取り組みますか。具体的に述べなさい。(80分，800字以内)

●方針と分析

(方針)

　生涯学び続ける意欲や態度の育成について自分の考えを述べ，具体的な取り組みをまとめる。

(分析)

　いわゆる生涯学習の根拠は，教育基本法第3条(生涯学習の理念)に始まる。学校教育法では，第30条第2項で小学校教育における目標の中

で生涯学習への態度を示しており，この条文は中学校，高等学校にも準用されている。特別支援教育で準用されていないのは児童・生徒の障害には個人差があり，一様に定義することは困難であるからと思われる。学校教育における生涯学習への対応については，高等学校学習指導要領の現代文A，古典A，芸術科等の目標に「生涯にわたって…」という文言が入っていることからも読み取れよう。本論題文の内容について，学習指導要領の目標等に「生涯学習」の文言が入っていない教科等の教員を志望する受験生の中には，軽視する人がいるかもしれない。しかし，児童・生徒に生涯学習する意欲や態度の育成は，法的根拠のある教員としての義務と思って差し支えないだろう。

●作成のポイント

　執筆のプロセス例は下記の通りだが，一例として，問題の発見と問題解決による喜びによって，生徒の学習意欲を向上・維持することが考えられる。生徒が苦手な学科等に対する場合，最初は教員がアドバイスしつつ，最後は自分の力で解決できるように促したり，得意科目に対しては高度なものを用意して，自信をつけさせたりする方法があるだろう。したがって，画一的な指導や対応ではなく，個人の資質，学習進度などにあわせることが必要であるし，継続することが重要になる場合がある。また，日々学び続けている社会人の話を聞き，学ぶことの大切さを自覚することも1つの方法であろう。

●論文執筆のプロセス例

> **序論**
> ・課題に対する自分の考えを述べる
> ・生涯学習は教科を通してのみ行われることではないことを述べてもよい

本論

・具体的な取り組みを述べる
・序論との関連性を意識すること

結論

・自分が最も強調したいことをまとめる
・生涯学習への取り組みについて自分の決意を述べる

2011年度 論作文実施問題

【小，中，中高家庭・音楽】

●テーマ

> あなたはどのような学級経営をしようと思いますか。自分自身の教育観にも触れながら具体的に述べなさい。

●テーマの分析

「どのような学級経営をするか」を考える際に，学級経営が子どもにとって，どのような意味を持つかを考えてみよう。もちろんだが，小学生と高校生が同じということはないので，学級の意味は発達段階によって大きく異なるであろう。学校は集団教育の場であり，小学校低学年児にとっては，はじめての「集団」だ。だが高校生にもなると，学級の意味は大きく変わるのは明らかである。このポイントにも注意しよう。

さて，学級経営のねらいとしては，次のようなものがある。

①　仲間の姿から学習意欲を湧かせる。
②　集団としての関わり方を学ばせる。
③　よりよい集団づくりへの努力をさせる。

これらを踏まえて，あなたは，志望校種でどのような学級にするかを考える。家庭科や音楽科の担当など志望教科によっては，授業で向き合うことが少なくなる生徒も出てくるので気をつけたい。

●論点

まず，あなたは志望校種においてどのような学級経営をするか，目標とその理由を明らかにする。そして目標の実践のために，取るべき

方法について述べる(例：人間関係の保持など)。これが前文であり，基本的な考え(結論)である。

　本文では，前文で述べた基本的な考えを，2つの観点からできるだけ具体的に述べよう。たとえば，「学級全体での実践を踏まえる中での取り組み」と「全体討論で意志疎通を図る」。肝心なのは，他人事の批評にならず，具体性を持たせることだ。文章の端々にあなたの人柄をにじませる気持ちをもって執筆するとよい。

　最終段落は，このテーマに対するあなた自身の研修課題を取り上げる。課題解決にどのように取り組むかを簡潔に述べて，文章をまとめたい。

【高校，中高(美術)，特別支援】

●テーマ

　郷土や地域の文化についての理解を深めることは，地域に愛着を持つこと，異なる文化・歴史を理解するなど，広い視野を身につけることにもつながります。
　児童生徒がこうした理解を深めるために，あなたはどのような取り組みが必要と考えますか。学校や子どもの現状を踏まえ，具体的に述べなさい。

●テーマの分析

　このテーマでは，学校教育に「地域に愛着を持つ」「異なる文化・歴史を理解する」が必要であるとしている。では，そもそもなぜこのことが必要なのであろうか。これを機会に自分なりにまとめておくとよいだろう。

　さて，今日は行政それぞれにおいて，土地の文化や歴史的なものの収集に尽力している。そして，その資料は様々な形で公開されている。

　ただ，そんな資料の教材化は，教師個人の力量に任されているのが現状で，学校内での整備も遅れている。せいぜい図書室に関係図書が置かれている程度だ。授業で「国際理解」云々として外国のことは取り上げられても，郷土の歴史への関心は薄いと言わざるを得ない。当然，児童生徒の関心も薄い。

　そんな状況を踏まえつつ，あなたは授業などにおいてどのような指導を展開するのかと問われているのだ。

●論点

　まず，郷土や地域の文化，歴史への理解がなぜ必要かを述べることから始める。さらに志望校種の教師として，このテーマにどう取り組むかの基本的な姿勢(＝結論)を明らかにする。

　続いての本文では，前文で述べた結論を，具体的にどう実践するかを2つ以上の観点から説明する。授業の中や体験学習での実践，あるいは祝日や行事の関連としての取り上げ方もある。いずれにしても意見として多面性を持たせることを心がける。また，具体的に「私だったらこうする」と主語と述語をはっきりさせて述べるようにしたい。この本文の字数は，全体の3分の2相当をあてるのが適量だろう。

　最終段落は，このテーマに対するあなた自身の課題を設定する。「自分自身の地域理解」など，現実的な課題を掲げ，これを解決するのにどのように取り組むか簡潔に述べるとよい。

【養護教諭】

●テーマ

> 　あなたは，どのような保健室経営をしようと思いますか。自分自身の教育観にも触れながら具体的にのべなさい。

●テーマの分析

新たな学校保健安全法が施行され，養護教諭については，

① 学校内の教職員の協力を求め，連携した組織的保健指導の充実を図る

② 常に地域の医療関係機関等との連携して，保健管理の充実を図る

の2点が求められるようになった。これは，保健室に健康教育センター的役割を持たせるということである。このセンター的役割とは，いかなる課題や問題にも対応するということ。仮に養護教諭では対応できない問題がきたとしても，保健室が窓口となって適切な相談相手を紹介するなども行う必要があるのだ。

また，今日的な教育課題である「生きる力」を育むことは，保健室経営でも例外なく求められている。これの基本原則は「自分の身は自分で守る」である。誰かが守ってくれるではなく，児童生徒に自助努力を求めるようになったのだ。そんな中，今回のテーマは，悩みを抱えた子どものその場限りの対応ではなく，どのようにセンター的役割を果たすかというプランを問うているのだ。

●論点

今日の学校では保健室を「健康安全教育センター」として位置づけている。これを受けてあなたはどのように保健室を経営するか，まずはその基本的なプランを明らかにする。

続いて本文では，前文で述べたプランを，2つ以上の観点から具体的に述べる。子どもへの指導，また教師集団に対するカウンセリング・マインド習得への支援などが挙げられる。忘れてはいけないのは，志望校種の児童生徒に応じて，発達段階を踏まえつつフレキシブルな対応を取ることだ。また児童生徒および教師に対しコーディネーター的な役割を果たすことも重要である。

最終段落は，このテーマに対するあなたの課題を取り上げて，解決についての方策を簡潔に述べる。大風呂敷を広げないように注意したい。

2010年度　論作文実施問題

【小, 中, 中・高(音・家), 小中高養護】

●テーマ

> 教育改革が進む中, 新しい時代にふさわしい「信頼される学校」「信頼される教師」が求められます。
>
> あなたが考える「信頼される教師像」について具体的に述べなさい。
>
> (80分, 800字以内)

●テーマの分析

教育改革を筆者はどのように解しているのであろうか。教育基本法(教育の目的)を目指すとするのか, それとも「生きる力」の育成とするかなどである。教育基本法には「教育は, 人格の完成を目指し, 平和で民主的な国家及び社会の形成者として必要な資質を備えた心身ともに健康な国民の育成を期して行われなければならない」とある。

「生きる力」は「いかに社会が変化しようと, 自分で課題を見つけ, 自ら学び, 自ら考え, 主体的に判断し, 行動し, よりよく問題を解決する資質や能力であり, また, 自らを律しつつ, 他人とともに協調し, 他人を思いやる心や感動する心など, 豊かな人間性であると考えた。たくましく生きるための健康や体力が不可欠であることは言うまでもない」とある。

この教育改革と「信頼される学校・教師」とはどのように結びつくのか。教育は信頼の上に構築されるからである。

●論点

教育改革と「信頼される学校・教師」との関係を述べる。さらに,

　筆者の考える「信頼される教師像」をここで示す。これが前文である。
　本文は前文で述べた「信頼される教師像」を，筆者の取り組み方として異なる2つの視点から具体的に述べる。個と学級などの集団とするなどである。この本文の字数は，全体の3分の2を当てる。
　最終段落は，テーマに関する筆者の研修課題を挙げ，課題解明にどのように努力するかを簡潔に述べるとよい。教育の成果は教師の人間性で決まる。この人間性の構築こそ研修課題であろう。

【高，特，中・高(美・体)】

●テーマ

　教育をとりまく環境が変化する中で，今日，教師にはどのような資質や能力が求められていると思いますか。また，そのような資質や能力を身につけるため，あなたはどのように努力しようと思いますか，具体的に述べなさい。　　　　　　　　（80分，800字以内）

●テーマの分析

　「教育をとりまく環境が変化」とは何を指しているのか。いくつか挙げてみる。
　　①　中卒で就職する子はほとんどなく，高学歴社会である。
　　②　自学自習の習慣がすたれて，学習塾が繁盛する。
　　③　中学生になると，ほとんどの子が部屋を持つ。
　　④　少子化で，兄弟からの学びが減る。
　　⑤　家庭での子どもの仕事がほとんどなく，受け身のみの生活をする。
　　⑥　高校全入や大学定員割れの情報は学習意欲喪失につながっている。
　　⑦　大学の卒業証書の価値が大きく変わる時代が来る。

卒業証書の価値は低下し,「生きる力」が真価を発揮する。その時代の教師の資質能力を問うている。

中央教育審議会答申(H17年10月)は「優れた教師の条件」として3要素を挙げている。

① 「教職に対する強い情熱」…仕事に対する使命感や誇り,子どもに対する愛情や責任感,それに教師として学び続ける向上心を持つ。

② 「教育の専門家としての確かな力量」…子ども理解力,児童生徒指導力,集団指導の力,学級作りの力,学習指導・授業作りの力,教材解釈の力などからなるもの。

③ 「総合的な人間力」…豊かな人間性や社会性,常識と教養,対人関係力,人格的資質を備えていること。また教職員全体と同僚として協力していくこと。

●論点

新たな時代の到来である。「生きる力」を育成できる教師とは,どのような資質能力を備えていなければならないであろうか。その結論をここで示す。その理想とする教師像を,筆者はどのように追求するか。その結論を前文で述べる。

本文では結論の具現化を異なる2つの視点から具体的に述べる。個人と集団などである。この本文の字数は,全体の3分の2を当てる。

最終段落は,テーマに関する筆者の研修課題を挙げ,課題解明にどのように努力するかを簡潔に述べるとよい。

2009年度　論作文実施問題

【全校種】

●テーマ

> 学習指導要領においては，「生きる力」をはぐくむという理念が示されています。あなたはこの「生きる力」をどのようにとらえ，どのような教育実践をしていきたいですか。具体的に述べなさい。

●テーマの分析

　現行学習指導要領の理念が『「生きる力」をはぐくむ』である。なぜ今，この「生きる力」をはぐくむというのであろうか，その理由も考える。この「生きる力」は平成8年の中央教育審議会答申にある。そこには，①いかに社会が変化しようと，自分で課題をみつけ，自ら学び，自ら考え，主体的に判断し，行動し，よりよく問題を解決する資質能力，②豊かな人間性，③たくましく生きるための健康や体力とある。

　教育は未来志向であって，対症療法的な考えに終始してはならない。児童生徒にこの「生きる力」をはぐくむのに，教師として何をするかと問われているのである。

　この「生きる力」をはぐくむには，子どもの発達段階やはぐくませる学習場面，それにあなたらしさを出しての実践が問われているのである。

●論点

　前文では，「生きる力」の定義付けと，なぜこの力をはぐくむことが求められるかの理由を述べる。さらに「生きる力」をはぐくむのに

何をするのかの結論を述べ，この論述の明確な方向づけをする。

　本文では結論に対する具体的な方策を述べる。「生きる力」をはぐくむ場はあらゆる学校教育活動の中にある。そこから2例を取り上げる。教科科目と特別活動や総合的学習の授業もよいであろう。そこで教師としてどのように関わるかを述べるのである。

　小学生といっても低学年児と高学年児とを同一視することはできないし，中学生や高校生になると対応の仕方は大きく異なるであろう。発達段階をふまえることと，あなたの関わり方を示すことである。

　最終段落では，この設問に関するあなたの研修課題を挙げる。発達段階をふまえた主体性の理解などもその一つではなかろうか。その課題解明にどのように努力するかを簡潔に述べるとよい。

2008年度　論作文実施問題

【全校種】

●テーマ

> 児童生徒やその保護者から「あなたに出会えてよかった」と言われる教師になるために，あなたはどのような教育を展開していきますか。具体的に述べなさい。

●テーマの分析

児童生徒やその保護者からの「あなたに出会えてよかった」という言葉は，「信頼が得られた」と解せる。信頼とは，どのようなときに得られるのかを考えるとよい。書き手(受験者)が高校生だったらと立場を替えて考えてみる。間違えてならないことは，われら教師の職責は「信頼を得る」ことではない。信頼は「結果」として得られることで，「目的」ではない。信頼するしないは児童生徒が決めることで，こちらから求めて得られるというものではない。

さらに，子どもが教師を信頼するしないを判断する基準は，発達段階によって大きく異なる。小学生と高校生とが同じであるとは考えられないであろう。同じ小学生でも低学年児と高学年児とでも違うし，同じ学年でも価値観には個人差がある。こう考えたらきりがないが，このことを承知して述べることである。ではどうしたらよいであろうか。まず言えることは，最大の職責である魅力ある授業をするということである。少なくとも校種を明らかにして，その子らが満足する授業をすれば，「素晴らしい先生だ」となろう。年齢に関係なく(保護者も地域住民もといえる)子どもが求めているのは，満足する授業をしてくれる教師なのである。

●論点

　前文ではまず，なぜ教師は信頼されなければならないのか。その理由を述べる。さらに結論として，書き手は何をするかを述べる。ここで書き手の教育への信念を示すのである。本文の字数は全体の3分の2を当て，結論に対する具体的方策を，発達段階を踏まえて2例を述べる。その1点は教科科目の授業を通してであれば，2点目は総合的学習や特別活動とするなどである。最終段落では，このテーマに関係ある己の研修課題を述べるとよい。さらに，課題解明への姿勢を述べるのである。

| **2007年度** | 論作文実施問題 |

【小・中・養護】

●テーマ(80分　800字)

急激に変動する社会において，学校教育の充実は，その担い手である教師に負うところが大きいと言えます。保護者の多様なニーズにこたえ，社会の中でたくましく生きる子どもたちの育成を目指すために，あなたは，教師としてどのような資質・能力が求められると考えますか。また，それらを身につけるためにどのように取り組みますか。

●テーマの分析

「急激に変動する社会において，たくましく生きる子どもたを育成する」というのは，中央教育審議会の答申「21世紀を展望した我が国の教育の在り方について」の「生きる力」の中にも求められている。

その「たくましく生きる」ための条件は，①たくましい健康と体力②たくましい精神力　である。今日の子どもたちは，①の体位は年々向上しているが，体力はむしろ低下が見られる。運動量の不足もあるが，食べ物の影響をうけている。偏食もあるが，体質的に体が受け付けないというアレルギー的な体質を持つ子が増加している。

②の精神力にも偏りが見られる。子どもたちの口から，「キレる」「頭にきた」という言葉が簡単に出る。口先だけの子も多いが，今日では簡単に他人の命を奪う。それも低年齢化している。いじめがまだまだ多いのも，いびつな精神力から来ている。

ではどうしたらよいか。小中学校なら，まさに基礎基本である。体育の授業だけでも，本気で努力させる。百マス計算ではないが，あた

りまえのことをあたりまえのようにである。選択とか個性尊重以前の問題である。基礎基本もできていないのに個性などと言いだしたがために，勝手気ままな人間ができてしまったといえよう。

テーマが求めているのは，「たくましく生きる子どもを育成する教師の資質能力」である。

●論点

前文ではまず，急激に変動する社会の中で，どのような子がたくましく生き抜くかを述べる。そのような子を育成する教師に必要な資質能力は何か，結論を述べる。

本文では，あなたの志望校種を明らかにし，その校種でのたくましさをどのように育成するかを述べる。その方法を2点挙げる。それぞれにあなたはどのように取り組むかである。高校生のたくましさは，「創意工夫」「臨機応変」に関係あるのではないか。それにあなたはどう支援するかである。

結文では，あなた自身の研修課題を明らかにし，その課題解明にどう努力するかを簡潔に述べる。たくましさを育成する教師としての課題である。

前文と本文，それに結文の字数配分は，約1：4：1がよい。

【高校・特殊】

●テーマ(80分　800字)

> 　学校においては，児童生徒一人ひとりを大切にし，それぞれの教育的ニーズに応じて適切に指導・支援することが必要です。
> 　個に応じた適切な指導・支援を行うために，あなたはどのような取組をしますか，具体的に述べなさい。

●テーマの分析

　　家庭は個人教育の場であるが，学校は集団教育の場である。だがそこでの支援活動は個に応じたものである。小学生であろうと高校生であろうと一人一人はみな異なった人間だから，教育的ニーズも異なる。

　　小学校に入学した児童が，12年間の学校教育を終えて卒業するまでの変容は非常に大きい。しかも同じ中学校1年生であっても，10人寄れば10様であって同一人物はいない。その子たちにあなたは教師としてどう関わるというのか。

●論点

　　前文では，学校は集団教育の場であるのに，そこでなぜ個に応じた指導・支援を行うかを述べる。さらにその支援の基本的な姿勢を述べる。

　　本文では，あなたの志望校種を明らかにし，その校種であなたはどのようにたくましさを育成するかを述べる。その方法を2点挙げる。それぞれにあなたはどのように取り組むかである。高校生のたくましさとは「創意工夫」「臨機応変」に関係あるのではないか。それにあなたはどう支援するかである。

　　結文は，あなた自身の研修課題を明らかにし，その課題解明にどう努力するかを簡潔に
述べる。たくましさを育成する教師としてのあなたの課題である。

　　前文と本文，それに結文の字数配分は，約1：4：1がよい。

2006年度　論作文実施問題

【小・中・養護】

●テーマ

> 現在,「学力低下」の批判の中, ゆとり教育の是非について論議されている。
> イギリスの哲学者ホワイトヘッド(1861〜1947)の「あまりに多くのことを教えることなかれ。しかし, 教えることは徹底的に教えるべし」という言葉について, あなたの考えを書きなさい。

●テーマの分析

　「学習内容の基礎基本の徹底」は当然のことである。基礎基本の徹底なくして学力の向上はありえないといえる。現行学習指導要領には基礎的基本的学習内容が載っている。これらは最低線であって, すべての児童生徒に理解させることとしている。その上で個に応じた指導を行い, その児童生徒の能力に応じた指導をして無限の可能性に挑戦させるのである。

　確かに「学力低下」という声も耳にする。この学力とは, 今日言われている「確かな学力」であるのか, 従来からの知識を中心とした学力なのかははっきりしない。「確かな学力」は「生きる力」を知の側面から見たものであって, OECDの調査の結果がその学力を示しているとはいえないであろう。

　まだ「確かな学力」に関する評価方法は, 必ずしも定かではない。またテーマにあるゆとり教育とは何かもはっきりしないので, 基礎的基本的な学習内容の完全習得とゆとり教育との関係もわからない。

●論点

　学習指導要領にある，基礎的基本的な学習内容を完全習得させることは，すべての教員にとっての責務である。この責務とゆとり教育とが，相反するものであると考えられないのである。ここでは基礎的基本的な学習内容の完全習得をどのように推進するか，基本的な考えを述べる。

　本文では前文の基本的な考えの具体策である。志望校種での発達段階をふまえた具体策である。起承転結の承と転がそれに相当する。承が個に応じた指導であれば，転は集団的学習という2面でもよい。また小学校なら，2つの教科について述べてもよい。

　最終段落は己の抱えた多くの研修課題のなかで，このテーマに関するものを一つ取り上げる。その課題にどのように取り組むかを簡潔に述べる。例えば，「確かな学力」の評価方法がまだ修得できていないので，学力の判定に自信がないなどである。残り少ない時間を有効に使っていくとするのもよいであろう。

【高校・特殊】

●テーマ

　これからの変化の激しい社会をたくましく生き抜くためには，児童生徒にとって，どのような資質や能力が必要になると考えますか。

　あなたが，最も必要であると考える資質や能力を具体的に示し，その資質や能力を育むためにどのような取り組みをするか，述べなさい。

●テーマの分析

　確かに今日は「変化の激しい社会」といえる。この社会の中で高校生に備えさせたい資質能力とは何か。「挑戦」とか「創造」という前向きの意欲でもあろう。また「挫折」というアクシデントに対する「耐性力」も必要であろう。これからの社会は，いよいよ一人では生きていかれないであろうから「コミュニケーション能力」も備えなければならない。

　特殊教育関係の学校を志望するものは，障害のある児童生徒に備えさせたい資質能力とはどのようなものなのか。その一つは，障害そのものはどうすることも出来ないので，障害を乗り越える強い意志と努力を持つことである。また「自分の身は自分で守る」という自立への努力も必要であろう。

●論点

　目前にいる高校生に備えさせたいと考える資質能力を述べる。それは変化の激しい社会とどのような関係にあるのかも明らかにする。志望校種が特殊教育学校であるなら，その児童生徒にいかなる資質能力を備えさせたいのかを述べる。その理由もである。

　さらに次の段落は本文で，教師としてその資質能力育成にどのように関わるかを述べるのであるが，その基本的な考えをこの前文で述べる。

　本文は起承転結の承と転で，具体的な取り組み方を述べる。前文で「創造性の育成」を挙げたのであれば，この本文では承として教科科目のなかでの具体策を述べ，転では総合的学習での育成方法を述べる。相手が高校生であれば，小中学生を対象にするような，きめの細かな関わり方ではない。高校生の発達段階をふまえたものになりことは当然である。

　最終段落は己の抱えた多くの研修課題のなかで，このテーマに関するものを一つ取り上げる。その課題にどのように取り組むかを簡潔に述べる。例えば，高校教育の基本理念は「自立」である。この自立に

教師としてどのように関わったらよいかの留意事項など，まだ確たるものを持っていないとし，残り少ない時間を有効に使って研修するとするなどである。

2005年度　論作文実施問題

【中高】80分・800字

●テーマ

　学校教育に対して地域や保護者から大きな期待が寄せられている一方，様々な課題を指摘されることもあります。現在の学校教育が抱えている問題点を挙げ，それを解決するために教師としてどのように取り組んでいくか，あなたの考えを述べなさい。

●テーマの分析

　学校教育に大きな期待が掛けられている理由は，ここで述べる必要はないであろう。だが，「様々な課題」とはどのような点の指摘なのであろうか。生徒の現象として①学力低下　②多くの不登校生徒　③具犯行為の多発　④性倫理の欠如　⑤いじめ等々である。教師自体の問題としては，①破廉恥教員の増加　②指導能力不足　③児童生徒の変容に追いつかない等である。テーマの教育問題となると，①学校の閉鎖性　②学級崩壊　③授業崩壊　④教師集団の分裂⑤校内暴力などである。

●論点

　前文(全体の6分の1程度の字数)では，まず学校での教育問題を挙げる。なぜそれを取り上げたかの理由も述べる。次にこの問題に対する解決策の基本的な考えを明らかにする。例えば中学校での学力低下を取り上げたら，基本的な考えは「指導技能を向上する」であるとする。

　本文(全体の3分の2程度の字数)では，前文で挙げた指導力向上策の具体化を述べる。この本文は起承転結の承と転で，2つの具体策を挙

げる。承が生徒の学習意欲の向上であれば，転は己の指導技術の向上を取り上げる等である。共に「私はこのようにする」と述べる。すなわち前者なら生徒一人一人に目を向け，マンツーマンに心がける。後者なら数学担当として，基礎基本の完全習得は徹底指導をし，発展応用は個に応じた対応をするなどである。

　結文(全体の6分の1程度の字数)は己の評価をするとよい。教師として未熟であれば，教科指導の心得も十分とはいえない。中学生という年齢の特性を生徒と共に努力しながら学んでいくことを述べる。決意表明で終わってはならない。

【小中】800字

　　下のグラフは，小学校5年生と中学校2年生の，学校以外ので勉強時間について，徳島県教育委員会が，平成15年度に調査した結果を表したものです。これを見て，あなたはどのような問題があると考えますか。
　　また，今度，その問題にどのように取り組んでいこうと思いますか，書きなさい。

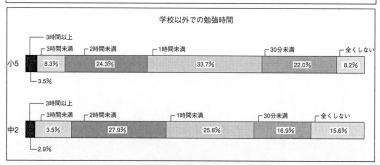

※平成15年度　徳島県における児童・生徒の基礎学力の定着状況について(徳島県教育委員会)

※テーマの分析・論点は省略

面接試験　実施問題

2024年度

◆実技(1次審査)

　▼中高保体

【必修課題1】

□ハードル走

※男女とも1回だけ練習を行い，その後1回の本番を行う。

※スタンディングスタートで行い，できるだけ速く約2台のハードル
　をとび越しゴールするよう指示がある。

※ハードルの高さは，84cm or 70cm。

※審査内容は，下記の5点である。

　(1)　スタートからハードルまでのスピード

　(2)　インターバルのスピード

　(3)　第2ハードルからゴールまでのスピード

　(4)　インターバルの脚の運び方

　(5)　ハードリング

【必修課題2】

□球技：サッカー

　ドリブル(審査員よりパスを受けたときのトラップ含む)，パス

※審査内容は，下記の2点である。

　(1)　ドリブル(審査員よりパスを受けたときのトラップ含む)の技能

　(2)　パスの技能

【必修課題3】

□ダンス

　中学校：「出会いと別れ」をテーマとして，そのイメージを表現す
　　　　　る。

　高校　：「ただ今，猛勉強中」をテーマとして，そのイメージを表

　　　現する。

※待機場所から出て，課題を知る。

※テーマを確認し，表したいイメージについて審査員に告げたのち，
　1分以内で表現する。

※待機場所と別の出口から退出する。

【選択課題】

※柔道・剣道のうち，いずれか1種目を選択する。

□柔道

　(1)　自然本体に構え，後ろ受け身1回

　(2)　自然本体から，左右に1回ずつ受け身

　(3)　自然本体に構え，3歩歩行で右前回り受け身をし，自然体で立
　　　つ(1回)

　(4)　同進行方向へ，3歩歩行で左前回り受け身をし，自然体で立つ
　　　(1回)

　(5)　180度方向転換し，適当に助走を加え(3)，(4)より大きな動作で
　　　1回前回り受け身をして自然体で立つ

※審査内容は，下記の4点である。

　(1)　要領の理解度(手のつき方，倒れる方向，倒れ方)

　(2)　全体としての身のこなし

　(3)　高く遠く(前回り受け身)

　(4)　左右同じようにできるか

□剣道

　(1)　9歩の間隔で向かい合い，礼をして，竹刀を腰につけて右足よ
　　　り3歩進み「蹲踞」の姿勢をとる。

　(2)　互いに立ち上がり，相中段で構える。

　(3)　攻撃者は大きく発声し，正確に切り返しの動作を行う。防御者
　　　は竹刀で切り返しを受ける。攻撃者は最後の面を打突後，最初の
　　　位置に戻る。

　(4)　攻撃者は大きく発声し，正確に2本連続で面打ちを行う。防御
　　　者は竹刀を床と水平にし，面の高さで打突を受ける。同じ要領で

　　小手打ち，胴打ちも行う。

(5)　攻撃と防御を交替し，同様のことを行う。

(6)　両者が終了したら，「蹲踞」の姿勢をとり，納刀して，竹刀を
　　腰につけて5歩下がり礼をする。

※審査内容は，下記の4点である。

(1)　礼法

(2)　発声

(3)　打突

(4)　残心

〈審査会場図〉

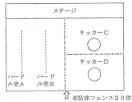

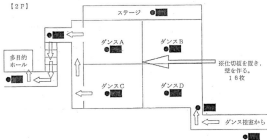

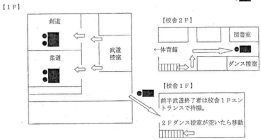

〈服装・準備物〉

　白ポロシャツ，紺系統のジャージ，体育館シューズ

▼中高音楽

【課題1】

□自由曲演奏

　歌・楽器を自由に演奏する。

※演奏時間は2分を基本とする(2分をこえる場合は審査員の合図で演奏
　を中止する)。

※採点基準は，下記の通りである。

○共通

　(1)　作曲者(楽譜)に忠実(音の正確さ，明確さ・拍子とリズムの正確
　　　さ・テンポの選び方・フレージング・強弱・ディナーミクの変
　　　化・アーティキュレーションの明確さ)

　(2)　情感の表現力

　(3)　音色の美しさ，響かせ方

　(4)　曲の構成力

　(5)　全体的完成度

　(6)　審査における集中力

　(7)　ステージマナー

　(8)　選曲(ソナチネとソナタ)と楽器(弦楽器と打楽器)等の難易度

○ピアノ

　(1)　メロディーと伴奏のバランス

　(2)　ペダリング

　(3)　指のテクニック等

○声楽

　(1)　言葉(発音)の正確さ，伝え方

　(2)　発声の仕方等

○管弦打楽器

　(1)　タンギングの美しさ

(2) 呼吸法等

【課題2】

□弾き歌い

　選択曲「花」「浜辺の歌」「赤とんぼ」「夏の思い出」の中から，1曲選び，ピアノで伴奏しながら歌う。

※採点基準は，下記の通りである。

　(1)　どの選択曲も同等に扱う

　(2)　総合的な評価(音符を正確に演奏している・音質(サウンド)について・アーティキュレーションについて・フレージング，和声，調性について・強弱，テンポ，表情記号について，歌とピアノ伴奏のバランス)

【課題3】

□アルトリコーダー初見演奏

　当日指定された楽曲(旋律のみ)を1分間譜読みした後，アルトリコーダーで演奏する。

※採点基準は次のとおりである。

　(1)　息づかい(呼吸法)

　　　・音質(サウンド)について　　・音の美しさと響き

　(2)　指づかい(フィンガリング)

　　　・特に派生音の指づかい。ロの指づかい，サミング等

　(3)　舌づかい

　　　・アーティキュレーションについて　　・タンギングの美しさ

　(4)　曲の演奏

　　　・リズムについて　　・フレージング，和声，調性について　　・強弱，テンポ，表情について　　・スラー，テヌート，スタッカート，アクセントの演奏について

〈注意事項〉

※会場内での音出し(発声練習も含む)は禁止する。

※弾き歌いについては，前奏ありで1番のみを演奏する。また教科書通りの調とする。

〈審査会場図〉

【315研修室（審査室）】（①自由曲演奏　②弾き歌い）
　※入室は前方の入り口を、退出は後方の出口を使用する。退室後は研修室1にもどる。
　※一人退出したら一人入室する。

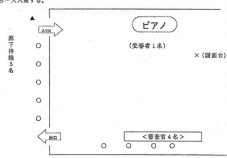

【315研修室（審査室）】（③アルトリコーダー初見演奏）
　※受審者はアルト・リコーダー初見演奏受審時に自分の荷物を全て持ってくる。審査終了後、自分の
　　荷物を持って出て左奥の東側「非常階段」を使用して帰る。
　※エレベーター前ベンチで5名待機をする。
　※エレベータ前待機場所で、1人1分間楽譜を見る。

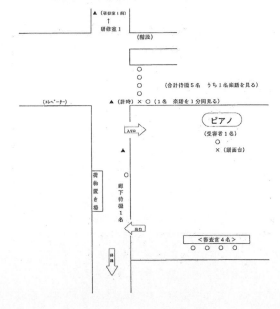

▼中高美術　60分

【課題】

□自画像で喜怒哀楽のいずれか一つを表現しなさい。その際，〔条件〕ア〜ウを満たすものとする。

〔条件〕

ア　授業での参考作品となるように描くこと。

イ　着彩は，水を溶剤として描画材を用いること。

ウ　用紙の向きは縦横自由とする。

〈留意事項〉

(1)　作品裏面の右下に受審番号を書くこと。

(2)　下の(　)に，選んだ喜怒哀楽を書くこと。また，下の枠に，作品のタイトルと参考作品としての表現意図を書くこと。

選んだ喜怒哀楽（　　）

作品のタイトル

| |
| |

参考作品としての表現意図

| |
| |

〈準備物〉

画用鉛筆，ポスターカラー・水彩絵の具等の水溶性の描画用具(筆洗を含む)，はさみ，カッターナイフ，定規(30cm程度)

▼高校書道

【課題1】※課題1〜2で60分

□次の枠内のことばを，漢字仮名交じり作品として，条件に従い，半

切り二分の一に書きなさい。

> 阿波の牟岐町 南に向いて 春を待たずに 豆が咲く
>
> 野口雨情「牟岐みなと節」より

〈条件〉
・用紙は縦・横自由に使ってよい。
・毛筆を使い，書体や書風は自由に考えて書くこと。
・文字の大きさや配列，縦書き・横書きは自由とする。
・漢字と仮名の変換はしないこと。
・変体仮名は使わないこと。
・出典は作品に書かないこと。

【課題2】 ※課題1〜2で60分

□次の古典を，半紙に臨書しなさい(半紙は縦に使うこと)。

詞茂道曠　「雁塔聖教序」部分

【課題3】 ※課題3〜5で100分

□次の枠内の句を，行書及び草書を使って，半切り三分の一に体裁よく書きなさい(要旨は縦に使うこと)。

池養右軍鵞

【課題4】※課題3〜5で100分

□次の和歌を，仮名作品として，半紙に散らし書きで書きなさい(漢字
　と仮名の変換及び書風は自由。変体仮名を適宜使い，半紙は縦に使
　うこと)。

武庫(むこ)の海を凪(な)ぎたる朝(あさ)にみわたせば眉(まゆ)もみだれぬ阿波(あは)の島山(しまやま)

【課題5】※課題3〜5で100分

□次の古筆を，半紙二分の一に，体裁よく臨書しなさい(紙は縦に使うこと)。

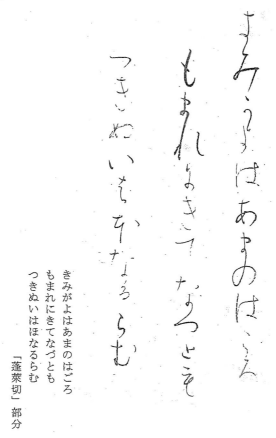

きみがよははあまのはごろ
もまれにきてなづとも
つきぬいははほなるらむ

「蓬莱切」部分

〈留意事項〉

・提出作品は，配布された用紙で提出すること。

・受験番号を，鉛筆で提出作品の裏面の左下に書くこと。

・落款は，「東海書」「東海かく」「東海臨」のいずれかを署名し，落款印の個所にフェルトペンで□を書くこと。

◆実技(2次審査)

　▼小学校英語

　【課題】

　□憧れの人を紹介しよう！」という単元のはじめに行うSmall Talkで，
　　クラスの児童に，自分のことをよく知ってもらうために，自分の憧
　　れの人について，紹介する。

　・話をする相手は，小学校5年生とする。

　・紹介する時間は40秒程度とする。

　・紹介後に英語での質問に答える。(1～2問)

　※50秒経過時に1回ベルが鳴る。60秒を過ぎるとベルが2回なり，スピ
　　ーチは途中でも終了となる。

　〈評価基準〉

		0	1	2
スピーチ	時間	25秒以下	25～35秒 45秒を超える場合	35秒～45秒
	態度	動作・表情・声の大きさ・速さ・相手の目を見てなどが適切でない。	動作・表情・声の大きさ・速さ・相手の目を見てなどが適切である。	左の項目に加え，児童によく分かるように，動作や表情などを工夫している。
	内容	5年生に分かる表現でない。興味をひく内容（どちらもなし）	5年生に分かる表現で興味をひく内容（一つできている）	5年生に分かる表現で興味をひく内容（二つともできている）
		自分のことを話していない	自分のことを話している。	自分のことをよく知ってもらうために話す順番や内容を工夫している。

◆模擬授業 (2次審査)

　〈面接時間〉

　○小・中学校，養護教諭，栄養教諭

　　8分(説明他2分，授業準備1分，模擬授業5分，指導主事6分(内　受験

者の「力を入れたところ，工夫したポイント」説明1分を含む))

〈審査会場参考図〉

○小・中学校，養護教諭，栄養教諭

進　行	副主任	民間人・教育委員	主　任	指導主事

受審者

黒板

○高等学校，特別支援学校

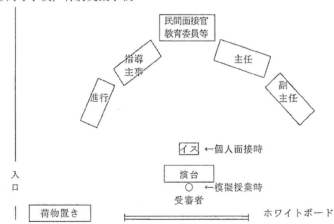

〈実施方法〉

○小・中学校，養護教諭，栄養教諭

(1)　面接準備室で課題(午前，午後で異なる)及び教科書資料が提示される。

(2)　指定された場面の授業構想を練る。(小学校…算数，中学校…
各教科)

　　※養護教諭，栄養教諭は模擬授業はないが，場面設定として「こ
ういう場面ではどのように判断，行動するか」という質問を指
導主事が行う。面接準備室では，本を読んだり，ノートにまと
めたりして面接に備える。

(3)　担当者の誘導で審査室前に移動し，面接官の指示で入室する。

(4)　入室後，受信番号および指名を自己紹介する。

(5)　面接官から説明を聞いた後，1分間の授業準備を経て，模擬授
業を5分間行う。

　　①　面接会場にて授業準備を行う。(1分)

　　②　面接官を児童生徒とみなして模擬授業を行う。(5分)

　　③　面接官に質問はしない(面接官は，問いかけに応答しない)。

　　④　必ず黒板を使用する。

　　⑤　必ず指定された部分の学習活動を行う。

　　　※控室及び面接準備室で，授業の本質とは関係のない動作等を
省略し，授業の中身に時間をかけるよう注意している。机間
指導は行わない。

　　⑥　受審者の「以上で模擬授業を終わります。」または，進行係
の指示で模擬授業を終了する。

　　⑦　模擬授業を振り返って，分かりやすい授業にするために，力
を入れたところや工夫したポイントを説明する。(1分)

　　⑧　模擬授業について質問。

○高等学校，特別支援学校

(1)　事前研究室で模擬授業の指導案等の問題を受け取り模擬授業に
ついて考える(25分)。

(2)　審査室に移動し，模擬授業を高等学校は10分，特別支援学校は
7分程度で行う。

　　①　面接官を児童生徒と見なして行うが，面接官は応答しない。

　　②　板書はホワイトボードを使用する。

※養護教諭は，場面指導を7分程度で行う。

〈評価のポイント〉

項　目	内　　容	観　　点
授業実践力	■ 基本的な指導技術を身に付け，児童の学習の様子を把握しながら授業を実践しようとしている。	□ 堂々として落ち着いているか。 □ 児童生徒に向き合う熱意や意欲が感じられるか。 □ 明朗で笑顔があるか。表情に変化があるか。 □ 適度な声量，はっきりとした話し方であるか。
授業構想力	■ 児童の活動の姿や思考の流れを想定し，教材やICT等の効果的な活用場面等を分析しながら，学習指導案を書いている。	□ 児童生徒の興味関心を高め，考えを引き出し，主体的な学びを構成しようする工夫が見られるか。 □ 要点やポイントを押さえたわかりやすい説明，板書，ICT活用場面の設定ができているか。
カリキュラム・マネジメント力	■ 学習指導要領の「目標」「内容」や系統等を理解している。	□ 学習指導要領の「目標」「内容」に沿った，適切な教材理解と授業構成ができているか。
授業省察力・改善力	■ 授業を分析して改善する手立てを理解し，実践しようとしている。	□ 自分の授業を振り返って適切に自己評価し，改善点を見つけて今後に生かそうとしているか。

【模擬授業テーマ】

※模擬授業終了後，「児童にとってわかりやすい授業にするために，力を入れたことや工夫したポイント」を1分程度で説明すること(模擬授業の5分間には含みません)。

※模擬授業の中で，効果的に板書を取り入れること。

※指導案や別紙のメモは採点の対象にはなりません。自由に使ってください。

※すべてのテーマに教科書等の資料が添付されていますが，本書では省略しています。

▼小学校

□小学校2年算数

　次の題材について45分の授業を想定して，「学習活動」の3番についての模擬授業をできるところまで，5分程度で行ってください。

〈題材〉形をしらべてなかま分けしよう(三角形と四角形)(教科書 p118〜p119)

〈本時の目標〉三角形，四角形について知ることができる。

〈学習の展開〉

	学　習　活　動	指導上の留意点：教師の支援
導入	1　本時のめあてをつかむ。	
展開	2　なかま分けのしかたを考える。 3　どのようになかま分けしたかを発表し合い，話し合う。	
まとめ	4　本時のまとめをする。	

□小学校2年算数

　次の題材について45分の授業を想定して，「学習活動」の3番についての模擬授業をできるところまで，5分程度で行ってください。

〈題材〉2のだんの九九(教科書　p18～p19)

〈本時の目標〉2のだんの九九のしくみを理解し，活用することができる。

〈学習の展開〉

	学　習　活　動	指導上の留意点：教師の支援
導入	1　本時のめあてをつかむ。	
展開	2　教科書p18の①①，②，③について考える。 3　教科書p18の①①，②，③についてそれぞれの考えを発表し合い、話し合う。 4　教科書p19の②の問題について考える。	
まとめ	5　本時のまとめをする。	

□小学校3年算数

　次の題材について45分の授業を想定して，「学習活動」の3番についての模擬授業をできるところまで，5分程度で行ってください。

〈題材〉重さの表し方やしくみを調べよう(教科書　p100)

〈本時の目標〉重さのくらべ方について考え，理解することができる。

〈学習の展開〉

	学　習　活　動	指導上の留意点：教師の支援
導入	1　本時のめあてをつかむ。	
展開	2　教科書ｐ１００の 1 について考える。 3　3つの文房具の重さをくらべる方法について発表し合い，話し合う。	
まとめ	4　本時のまとめをする。	

□小学校3年算数

　次の題材について45分の授業を想定して，「学習活動」の3番につい
ての模擬授業をできるところまで，5分程度で行ってください。

〈題材〉くふうして計算のしかたを考えよう(教科書　p112)

〈本時の目標〉(2けた)×(1けた)の計算のしかたを理解できる。

〈学習の展開〉

	学　習　活　動	指 導 上 の 留 意 点 ： 教 師 の 支 援
導入	1　本時のめあてをつかむ。	
展開	2　教科書p１１２ 1 の①，②の問題について考える。 3　１２×４の計算のしかたについて，それぞれの考えを発表し合い，話し合う。	
まとめ	4　本時のまとめをする。	

□小学校3年算数

　次の題材について45分の授業を想定して，「学習活動」の3番につい
ての模擬授業をできるところまで，5分程度で行ってください。

〈題材〉同じ数ずつ分ける計算のしかたを考えよう(教科書　p33)

〈本時の目標〉わり算の意味について理解し，それが用いられる場合
　　　　　　　について知ることができる。

〈学習の展開〉

	学　習　活　動	指導上の留意点：教師の支援
導入	1　本時のめあてをつかむ。	
展開	2　教科書p３３の ① の問題について考える。 3　教科書p３３の ① について，それぞれの考えを発表し合い，話し合う。	
まとめ	4　本時のまとめをする。	

□小学校4年算数

　次の題材について45分の授業を想定して，「学習活動」の3番について
ての模擬授業をできるところまで，5分程度で行ってください。

〈教材〉小数と整数のかけ算・わり算を考えよう(教科書　p201〜p202)

〈本時の目標〉小数×整数の計算のしかたを理解し，計算することが
　　　　　　　できる。

〈学習の展開〉

	学　習　活　動	指導上の留意点：教師の支援
導入	1　本時のめあてをつかむ。	
展開	2　①の計算のしかたを考える。 3　それぞれの考えを発表し合い，考えのよいところや似ているところについて話し合う。	
まとめ	4　本時のまとめをする。	

□小学校4年算数

　次の題材について45分の授業を想定して，「学習活動」の3番についての模擬授業をできるところまで，5分程度で行ってください。

〈教材〉小数と整数のしくみ(教科書　p169)

〈本時の目標〉小数を0.01や0.001をもとにして表す方法を理解し，説明することができる。

〈学習の展開〉

	学　習　活　動	指導上の留意点：教師の支援
導入	1　本時のめあてをつかむ。	
展開	2　1.25は0.01をいくつ集めた数か考える。 3　それぞれの考えを発表し合い，小数のしくみについて話し合う。 4　0.001を386こ集めた数について考え，発表する。	
まとめ	5　本時のまとめをする。	

94

□小学校4年算数

　次の題材について45分の授業を想定して,「学習活動」の3番について
の模擬授業をできるところまで,5分程度で行ってください。

〈教材〉直方体と立方体について調べよう(教科書　p239)

〈本時の目標〉直方体と立方体の頂点,辺,面の数を式で表すことが
　　　　　　　できる。

〈学習の展開〉

	学　習　活　動	指導上の留意点：教師の支援
導入	1　本時のめあてをつかむ。	
展開	2　直方体と立方体の頂点,辺,面の数を調べ,表を完成させる。 3　直方体,立方体の頂点,辺,面の数を表す式を考え,説明する。 4　教科書p２３９の**1**の問題について考える。	
まとめ	5　本時のまとめをする。	

□小学校4年算数

　次の題材について45分の授業を想定して，「学習活動」の3番につい
ての模擬授業をできるところまで，5分程度で行ってください。

〈教材〉がい算(教科書　p100)

〈本時の目標〉切り上げて計算することを理解し，目的に応じて使う
　　　　　　　ことができる。

〈学習の展開〉

	学　習　活　動	指導上の留意点：教師の支援
導入	1　本時のめあてをつかむ。	
展開	2　買い物をするとき，５００円で足りることを確かめたい場合の見積もりのしかたについて考える。 3　それぞれの考えを発表し合い，５００円で足りることを確かめたい場合は，それぞれの代金を切り上げて計算することを知る。 4　教科書ｐ１００の11を解く。	
まとめ	5　本時のまとめをする。	

□小学校4年算数

　次の題材について45分の授業を想定して,「学習活動」の3番につい
ての模擬授業をできるところまで,5分程度で行ってください。

〈題材〉面積(教科書　p15〜p17)

〈本時の目標〉公式を使って,階段型の面積を求めることができる。

〈学習の展開〉

	学　習　活　動	指導上の留意点：教師の支援
導入	1　本時のめあてをつかむ。	
展開	2　見通しをもち,公式を使って,階段型の面積を求める。 3　それぞれの考えを発表し合い,いろいろな考え方があることを知る。 4.　適用問題を解く。	
まとめ	5　本時の学習を振り返り,まとめとする。	

□小学校5年算数

　次の題材について45分の授業を想定して,「学習活動」の3番についての模擬授業をできるところまで,5分程度で行ってください。

〈題材〉2つの量の変わり方(教科書　p38～p39)

〈本時の目標〉2つの数量の関係を○,△を用いた式に表し,変わり方を調べることができる。

〈学習の展開〉

	学　習　活　動	指導上の留意点：教師の支援
導入	1　本時のめあてをつかむ。	
展開	2　教科書p３８の ▷1 の問題を考える。 3　それぞれの考えを発表し合い,○と△の変わり方について話し合う。 4　教科書p３９の ▷2 の問題について考える。	
まとめ	5　本時のまとめをする。	

□小学校5年算数

　次の題材について45分の授業を想定して，「学習活動」の3番についての模擬授業をできるところまで，5分程度で行ってください。

〈題材〉分数の大きさとたし算，ひき算(教科書　p117)

〈本時の目〉異分母の分数の大小の比べ方を考え，通分の意味を理解
　　する。

〈学習の展開〉

	学　習　活　動	指導上の留意点：教師の支援
導入	1　本時のめあてをつかむ。	
展開	2　2つの分数の比べ方について考える。 3　それぞれの考えを発表し合い，よいところについて話し合う。 4　教科書ｐ１１７の回の問題について考える。	
まとめ	5　本時のまとめをする。	

□小学校5年算数

　次の題材について45分の授業を想定して，「学習活動」の3番についての模擬授業をできるところまで，5分程度で行ってください。

〈題材〉角柱と円柱(教科書　p246)

〈本時の目標〉円柱の展開図をかくことができる。

〈学習の展開〉

	学　習　活　動	指導上の留意点：教師の支援
導入	1　本時のめあてをつかむ。	
展開	2　円柱の展開図について考える。 3　円柱の展開図のかき方について，話し合う。	
まとめ	4　本時のまとめをする。	

□小学校5年算数

　次の題材について45分の授業を想定して，「学習活動」の3番についての模擬授業をできるところまで，5分程度で行ってください。

〈題材〉小数のわり算　あまりを求めよう(教科書　p89)

〈本時の目標〉小数の除法で，あまりを求めることができる。

〈学習の展開〉

	学　習　活　動	指導上の留意点：教師の支援
導入	1　本時のめあてをつかむ。	
展開	2　2.3÷0.5の計算のあまりの求め方を考える。 3　それぞれの考えを発表し合い，より適切なあまりの表し方について話し合う。 4　教科書p89の⑬の問題について考える。	
まとめ	5　本時のまとめをする。	

□小学校5年算数

　次の題材について45分の授業を想定して，「学習活動」の3番について
ての模擬授業をできるところまで，5分程度で行ってください。

〈題材〉速さを求めよう(教科書　p151)

〈本時の目標〉単位の異なる速さを比べることができる。

〈学習の展開〉

	学　習　活　動	指導上の留意点：教師の支援
導入	1　本時のめあてをつかむ。	
展開	2　教科書p151の⑦の問題を考える。 3　どのようにすれば比べることができるか話し合う。	
まとめ	4　教科書p151の③の問題について考えることで，本時のまとめをする。	

□小学校5年算数

　次の題材について45分の授業を想定して，「学習活動」の3番について の模擬授業をできるところまで，5分程度で行ってください。

〈題材〉割合を求めよう(教科書　p173〜p174)

〈本時の目標〉求めた割合を百分率で表すことができる。

〈学習の展開〉

	学　習　活　動	指導上の留意点：教師の支援
導入	1　百分率の表し方について知ることで，本時のめあてをつかむ。	
展開	2　教科書p１７３の(3)の問題を考える。 3　求めた割合を百分率を使って表す方法について話し合う。	
まとめ	4　教科書p１７４の図の問題について考えることで，本時のまとめをする。	

□小学校6年算数

次の題材について45分の授業を想定して,「学習活動」の3番について
の模擬授業をできるところまで,5分程度で行ってください。

〈題材〉およその面積の求め方を考えよう(教科書　p191〜p192)

〈本時の目標〉複雑な図形の形を既習の基本図形と見なし,およその
　　　　　　面積を求めることができる。

〈学習の展開〉

	学　習　活　動	指導上の留意点：教師の支援
導入	1　本時のめあてをつかむ。	
展開	2　教科書ｐ１９１の　1　について考える。 3　それぞれの考えを発表し合い、よいところについて話し合う。 4　教科書ｐ１９２の　1　の問題について考える。	
まとめ	5　本時のまとめをする。	

□小学校6年算数

次の題材について45分の授業を想定して，「学習活動」の3番について の模擬授業をできるところまで，5分程度で行ってください。

〈題材〉分数のかけ算(教科書　p52)

〈本時の目標〉時間を分数で表し，速さの公式を用いた計算のしかた を理解する。

〈学習の展開〉

	学 習 活 動	指導上の留意点：教師の支援
導入	1　本時のめあてをつかむ。	
展開	2　時間を分数で表した計算のしかたを 考える。 3　それぞれの考えを発表し合い，時間 を分数で表し，速さの公式を用いた計 算の仕方を知る。 4　教科書p５２の$\frac{2}{2}$の問題について 考える。	
まとめ	5　本時のまとめをする。	

□小学校6年算数

　次の題材について45分の授業を想定して，「学習活動」の3番につい
ての模擬授業をできるところまで，5分程度で行ってください。

〈題材〉角柱と円柱の体積(教科書　p105～p106)

〈本時の目標〉角柱の体積の求め方を考え，求めることができる。

〈学習の展開〉

	学　習　活　動	指導上の留意点：教師の支援
導入	1　本時のめあてをつかむ。	
展開	2　三角柱の体積の求め方を考える。 3　それぞれの考えを発表し合い，気づいたことをもとに，計算のしかたを理解し，説明する。	
まとめ	4　本時のまとめをする。	

□小学校6年算数

　次の題材について45分の授業を想定して，「学習活動」の3番につい
ての模擬授業をできるところまで，5分程度で行ってください。

〈題材〉比(教科書　p156)

〈本時の目標〉比の性質を使って，未知の数量の求め方を考え，説明
　　　　　　　することができる。

〈学習の展開〉

	学　習　活　動	指導上の留意点：教師の支援
導入	1　本時のめあてをつかむ。	
展開	2　計算のしかたについて考える。 3　それぞれの考えを発表し合い，比の性質を使った計算のしかたを理解し，説明する。 4　教科書p１５６の⑧の問題について考える。	
まとめ	5　本時のまとめをする。	

□小学校6年算数

　次の題材について45分の授業を想定して，「学習活動」の3番についての模擬授業をできるところまで，5分程度で行ってください。

〈題材〉円の面積を使って，いろいろな図形の面積の求め方を考えよう(教科書　p45～46)

〈本時の目標〉円や既習の図形(正方形・長方形・三角形)の面積の求め方を使って，いろいろな図形の面積を求めることができる。

〈学習の展開〉

	学　習　活　動	指導上の留意点：教師の支援
導入	1　本時のめあてをつかむ。	
展開	2　教科書p４５の $\boxed{4}$ について考える。 3　それぞれの考えを，絵や図を使って発表し合い，円や既習の図形の面積の求め方を使って，いろいろな図形の面積を求めることを知る。	
まとめ	4　本時のまとめをする。	

▼中学国語

□中学校1年国語

　次の題材について50分の授業を想定して，「学習活動」の3番についての模擬授業をできるところまで，5分程度で行ってください。

〈題材〉オオカミを見る目(教科書　P62〜P67)

〈本時の目標〉文章の書き方の工夫について考えることができる。

〈学習の展開〉

	学　習　活　動	指導上の留意点・教師の支援
導入	1　本時の目標を確認し，学習の見通しをもつ。	
展開	2　全文を通読し，文章の構成を捉え，内容を読み取る。	
	3　興味をひきつけたり，分かりやすく伝えたりするために，どのような書き方の工夫がされているかを考えて書き，交流する。	
まとめ	4　本時の振り返りをする。	

□中学校1年国語

　次の題材について50分の授業を想定して,「学習活動」の3番についての模擬授業をできるところまで,5分程度で行ってください。

〈題材〉飛べ　かもめ(教科書　P36〜P39)

〈本時の目標〉作品から読み取ったことをもとに,想像したことをまとめることができる。

〈学習の展開〉

	学　習　活　動	指導上の留意点・教師の支援
導入	1　本時の目標を確認し,学習の見通しをもつ。	
展開	2　場面の様子や登場人物の思いに注目して作品を読み進める。 3　最後の場面の後で,少年からかもめに伝えたいメッセージを想像して書き,交流する。	
まとめ	4　本時の振り返りをする。	

□中学校2年国語

　次の題材について50分の授業を想定して，「学習活動」の3番について の模擬授業をできるところまで，5分程度で行ってください。

〈題材〉手紙の効用(教科書　P14〜P16)

〈本時の目標〉読み取ったことを踏まえ，自分の知識や体験も交えて，
　　　　　　　考えを広げることができる。

〈学習の展開〉

	学　習　活　動	指導上の留意点・教師の支援
導入	1　本時の目標を確認し，学習の見通しをもつ。	
展開	2　全文を通読し，内容を大まかにつかむ。	
	3　筆者の考えを捉え，手紙に関する自分の知識や体験を交えて考えを書き，交流する。	
まとめ	4　本時の振り返りをする。	

□中学校3年国語

　次の題材について50分の授業を想定して，「学習活動」の3番についての模擬授業をできるところまで，5分程度で行ってください。

〈題材〉立ってくる春(教科書　P18〜P21)

〈本時の目標〉筆者の独自の見方・考え方を捉え，自分の思いや考えを深めることができる。

〈学習の展開〉

	学　習　活　動	指導上の留意点・教師の支援
導入	1　本時の目標を確認し，学習の見通しをもつ。	
展開	2　全文を通読し，内容を大まかにつかむ。	
	3　筆者の言葉の経験を参考に「立夏」「立秋」「立冬」の「かたち」をイメージして書き，交流する。	
まとめ	4　本時の振り返りをする。	

▼中学社会

□中学校1年社会

　次の題材について50分の授業を想定して，「学習活動」の2番につい
ての模擬授業をできるところまで，5分程度で行ってください。

〈題材〉日本の領域の特色(教科書　P24〜P25)

〈本時の目標〉日本の領域の特色や排他的経済水域について，写真や
　　　　　　　資料をもとに考察し，表現する。

〈学習の展開〉

	学　習　活　動	指導上の留意点・教師の支援
導入	1　本時の目標を確認する。	
展開	2　工事前と工事後の沖ノ鳥島の写真を見て，護岸工事をした理由を話し合い，発表する。 3　日本の領域と排他的経済水域の特徴を理解する。	
まとめ	4　本時を振り返る。	

□中学校2年社会

　次の題材について50分の授業を想定して，「学習活動」の2番についての模擬授業をできるところまで，5分程度で行ってください。

〈題材〉日露戦争と東アジア(教科書　P196～P197)

〈本時の目標〉日露戦争に至る過程や日露戦争があたえた影響について，日本側・ロシア側の立場から，理解する。

〈学習の展開〉

	学 習 活 動	指導上の留意点・教師の支援
導入	1　本時の目標を確認する。	
展開	2　日露戦争の風刺画から日本の置かれていた状況について，話し合い，発表する。 3　日露戦争に至るまでの過程や戦争の様子を確認し，日露戦争の国際的影響について考える。	
まとめ	4　本時を振り返る。	

□中学校3年社会

　次の題材について50分の授業を想定して,「学習活動」の4番についての模擬授業をできるところまで,5分程度で行ってください。

〈題材〉労働者の意義と労働者の権利(教科書　P146～P147)

〈本時の目標〉労働の意義や労働者の権利について理解し,ワーク・
　　　　　　　ライフ・バランスの実現について考察し,表現する。

〈学習の展開〉

	学　習　活　動	指導上の留意点・教師の支援
導入	1　本時の目標を確認する。	
展開	2　労働の意義や労働者の権利ついて理解する。 3　ワーク・ライフ・バランスの実現が求められる背景について,話し合い,発表する。	
まとめ	4　本時を振り返る。	

□中学校3年社会

　次の題材について50分の授業を想定して，「学習活動」の3番について
の模擬授業をできるところまで，5分程度で行ってください。

〈題材〉新しい人権②　情報化の進展と人権(教科書　p64〜P65)

〈本時の目標〉情報化の進展にともなって，どのような課題が生まれ，
　　　　　　　どのような権利が認められてきたのかを理解し，自由
　　　　　　　と権利との関係性について考察し，表現する。

〈学習の展開〉

	学 習 活 動	指導上の留意点・教師の支援
導入	1　本時の目標を確認する。	
展開	2　情報化の進展にともなって認められてきた新しい権利について理解する。 3　「プライバシーの権利と表現の自由について考えよう」を基に「個人の尊重」の観点から，自由と権利との関係性について話し合い，発表する。	
まとめ	4　本時を振り返る。	

▼中学数学

□中学校1年数学

　次の題材について50分の授業を想定して，「学習活動」の5番についての模擬授業をできるところまで，5分程度で行ってください。

〈題材〉関数の利用(教科書　P156～P157)

〈本時の目標〉身のまわりにある問題を，表，グラフ，式を利用して
　　　　　　　解決することができる。

〈学習の展開〉

	学 習 活 動	指導上の留意点・教師の支援
導 入	1 これまでの学習を想起し，本時のめあてをつかむ。	
展 開	2 「1　進行のようすを調べよう」を各自で考えて，問題を把握する。 3 各自で考えた内容をグループで共有し，自分の考えを深めたり，新しい考えに気付いたりする。 4 「学びにプラス」について，グループで話し合い，話し合った内容を全体で発表し，共有する。	
ま と め	5 本時の学習の振り返りをする。	

□中学校2年数学

　次の題材について50分の授業を想定して,「学習活動」の4番につい
ての模擬授業をできるところまで, 5分程度で行ってください。

〈題材〉証明のしくみ(教科書　P132〜P133)

〈本時の目標〉角の二等分線の作図について証明することができる。

〈学習の展開〉

	学　習　活　動	指導上の留意点・教師の支援
導入	1　これまでの学習を想起し, 本時のめあてをつかむ。	
展開	2　証明するための見通しを各自で考える。 3　各自で考えた内容をグループで共有し, 自分の考えを深めたり, 新しい考えに気付いたりする。	
まとめ	4　例2を証明し, 本時の学習の振り返りをする。	

□中学校2年数学

　次の題材について50分の授業を想定して，「学習活動」の5番についての模擬授業をできるところまで，5分程度で行ってください。

〈題材〉箱ひげ図(教科書　P209〜P210)

〈本時の目標〉四分位数などの値を使って，箱ひげ図をかくことができる。

〈学習の展開〉

	学　習　活　動	指導上の留意点・教師の支援
導入	1　これまでの学習を想起し，本時のめあてをつかむ。	
展開	2　データから得られる四分位数などの値を使って箱ひげ図をかく。 3　たしかめ1の箱ひげ図をかく。 4　問1を各自で考え，その後グループで共有し,自分の考えを深めたり,新しい考えに気付いたりする。	
まとめ	5　問1をもとに，本時の振り返りをする。	

□中学校3年数学

　次の題材について50分の授業を想定して，「学習活動」の3番についての模擬授業をできるところまで，5分程度で行ってください。

〈題材〉根号をふくむ数の加法，減法(教科書　P64〜P65)

〈本時の目標〉根号をふくむ数の加法，減法の計算ができる。

〈学習の展開〉

	学 習 活 動	指導上の留意点・教師の支援
導入	1　これまでの学習を想起し，本時のめあてをつかむ。	
展開	2　「活動1」を各自で考えて，説明する。 3　各自で考えた「活動1」の内容をグループで共有し，自分の考えを深めたり，新しい考えに気付いたりする。 4　「例2」，「活動3」，「例4」をグループで取り組む。	
まとめ	5　「Q2」，「Q3」，「Q4」を計算し，本時の振り返りをする。	

▼中学理科

□中学校1年理科

　次の題材について50分の授業を想定して，「学習活動」の4番につい
ての模擬授業をできるところまで，5分程度で行ってください。

〈題材〉ばねの性質と力(教科書　P169〜P172)

〈本時の目標〉実験結果から，ばねに働く力の大きさとばねの伸びと
　　　　　　　の関係について，規則性を見出し，表現することがで
　　　　　　　きる。

〈学習の展開〉

	学　習　活　動	指導上の留意点・教師の支援
導入	1　前時の実験の内容を振り返り，結果を確認する。 2　本時の学習課題を設定する。	
展開	3　グラフを作成する。 4　規則性を考える。	
まとめ	5　規則性についてまとめる。	

□中学校2年理科

　次の題材について50分の授業を想定して,「学習活動」の2番について の模擬授業をできるところまで, 5分程度で行ってください。

〈題材〉雨や雲のでき方(教科書　P263〜P264)

〈本時の目標〉雲のでき方の実験について, 仮説を立て, 見通しをも って主体的・協働的に計画することができる。

〈学習の展開〉

	学 習 活 動	指導上の留意点・教師の支援
導入	1　これまでの学習内容を振り返り, 本時の学習課題を設定する。	
展開	2　仮説を立てる。 3　仮説を確かめる実験方法を考える。	
まとめ	4　実験方法を確認する。	

□中学校3年理科

　次の題材について50分の授業を想定して，「学習活動」の2番につい
ての模擬授業をできるところまで，5分程度で行ってください。

〈題材〉微生物のはたらき(教科書　P263〜P264)

〈本時の目標〉微生物のはたらきを調べる実験について，見通しをも
　　　　　　　って主体的・協働的に計画することができる。

〈学習の展開〉

	学　習　活　動	指導上の留意点・教師の支援
導入	1　これまでの学習内容を振り返り，本時の学習課題を設定する。	
展開	2　仮説を立てる。	
	3　仮説を確かめる実験方法を考える。	
まとめ	4　実験方法を確認する。	

▼中学音楽

□中学校1年音楽

　次の題材について50分の授業を想定して,「学習活動」の1番についての模擬授業をできるところまで,5分程度で行ってください。

〈題材〉　曲想の変化を感じ取り,情景を想像しながら音楽を味わって聴こう

　　　　「和声と創意の試み」第1章「四季」から

　　　　「春」第1楽章　作曲:ヴィヴァルディ

　　　　　　教科書　教育出版社P38〜P43

　　　　　　　　　　教育芸術社P44〜P47

〈本時の目標〉楽曲の雰囲気や特徴について,ソネットを手がかりにしながら,感じ取ったり,聴き取ったりすることができる。

〈学習の展開〉

	学 習 活 動	指導上の留意点・教師の支援
導入	1　「春」の第1楽章を聴き,楽曲全体の印象について共有し,本時や題材の課題を把握する。	
展開	2　ソネットを手がかりにしながら,音楽に描かれた「春」を想像したり,音楽の特徴を聴き取ったりする。	
	3　想像したり,音楽の特徴で気付いたりしたことをグループで共有する。	
まとめ	4　グループで共有した内容を,他のグループに紹介する。	

□中学校2年音楽

　次の題材について50分の授業を想定して，「学習活動」の3番についての模擬授業をできるところまで，5分程度で行ってください。

〈題材〉曲想を感じ取り，曲にふさわしい歌い方を工夫しよう

「浜辺の歌」　林　古渓　作詞　成田　為三　作曲

教科書　教育出版社　音楽のおくりもの2・3上　P14・15

教育芸術社　中学生の音楽1　P24〜P27

〈本時の目標〉「浜辺の歌」の曲想と音楽の構造や歌詞の内容との関
　　　　　　　わりについて理解することができる。

〈学習の展開〉

	学　習　活　動	指導上の留意点・教師の支援
導入	1　「浜辺の歌」を聴き，楽曲全体の印象について共有し，本時や題材の課題を把握する。	
展開	2　旋律唱をする。 3　音楽の特徴や歌詞の内容について理解する。	
まとめ	4　音楽の特徴を意識したり，歌詞の情景を思い浮かべたりしながら，歌唱する。	

▼中学美術

□中学校2年美術

　次の題材について50分の授業を想定して,「学習活動」の3番についての模擬授業をできるところまで,5分程度で行ってください。

〈題材〉人の形に込めたもの(教科書　P58〜P61)

〈本時の目標〉いろいろな角度から人体を観察したことをもとにして,人の形や動きの美しさ,力強さを感じる姿を針金と粘土で表現することができる。

〈学習の展開〉

	学 習 活 動	指導上の留意点・教師の支援
導入	1　前時の人物クロッキーの活動を振り返り,本時の学習課題をつかむ。	
展開	2　人体の全体の比率や関節の位置を考えて,針金で骨格をつくる。 3　自分で決めた主題を表現できるポーズを考え,針金を動かしながら構想を練る。	
まとめ	4　本時の学習を振り返り,次時の確認をする。	

▼中学保体

□中学校1年保体

　次の題材について50分の授業を想定して，「学習活動」の2番についての模擬授業をできるところまで，5分程度で行ってください。

〈題材〉体の発育・発達(教科書　P20〜P21)

〈本時の目標〉身体の発育・発達には，骨や筋肉，肺や心臓などの器官が急速に発育し，呼吸器系，循環器系などの機能が発達する時期があること，また，その時期や程度には，人によって違いがあることを理解できる。

〈学習の展開〉

	学　習　活　動	指導上の留意点・教師の支援
導入	1　本時の目標を確認する。	
展開	2　骨，筋肉，心臓，肺，胃腸，肝臓などの大部分の器官は大人になるまでに，急速に発育する時期が二度あることを理解する。 3　体の各器官によって，発育・発達の仕方が異なることを教師からの説明や，資料3から読み取ってワークシートに書き出す。 4　思春期に体の各器官がどのように発育・発達するのか資料3から特徴を読み取り，その時期や程度には個人差があることを発表して説明する。	
まとめ	5　本時の学習を振り返る。	

□中学校2年保体

　次の題材について50分の授業を想定して,「学習活動」の2番についての模擬授業をできるところまで,5分程度で行ってください。

〈題材〉がんの予防(教科書　P96～P97)

〈本時の目標〉がんの疾病概念を理解し,がんの予防には,生活習慣病の予防と同様に,適切な生活習慣を身につけることなどが有効であることを理解できる。

〈学習の展開〉

	学　習　活　動	指導上の留意点・教師の支援
導入	1　本時の目標を確認する。	
展開	2　がんの疾病概念を教師の説明や資料から理解する。 3　がんの発生は不適切な生活習慣をはじめ,様々な要因が関係していることを理解する。 4　がんを予防するために,現在及び将来の生活をどのように送る必要があるのかを個人で考え,仲間と話し合う。その際,健康診断やがん検診が有効であることについてもふれる。	
まとめ	5　本時の学習を振り返る。	

□中学校3年保体

　次の題材について50分の授業を想定して，「学習活動」の2番について の模擬授業をできるところまで，5分程度で行ってください。

〈題材〉医薬品の有効利用(教科書　P142〜P143)

〈本時の目標〉医薬品には，主作用と副作用があること及び，使用回 数，使用時間，使用量などの使用法があり，正しく使 用する必要があることについて理解できる。

〈学習の展開〉

	学　習　活　動	指導上の留意点・教師の支援
導入	1　本時の目標を確認する。	
展開	2　医薬品の種類と作用について，正しい知識を理解する。 3　医薬品の利用について，その目的に応じた使い方があることや，使用上の注意を守ることの大切さについて理解する。 4　薬の種類と特徴，薬の効き方と飲み方等から，生活の中で薬を正しく安全に利用するための方法を考え，仲間と意見を交換する。	
まとめ	5　本時の学習を振り返る。	

□中学校3年保体

　次の題材について50分の授業を想定して,「学習活動」の2番について の模擬授業をできるところまで,5分程度で行ってください。

〈題材〉国際的なスポーツ大会の文化的な役割(教科書　P122〜P123)

〈本時の目標〉オリンピック・パラリンピック競技大会や国際的なス ポーツ大会などは,世界中の人々にスポーツのもつ教 育的な意義や倫理的な価値を伝えたり,人々の相互理 解を深めたりすることで,国際親善や世界平和に大き な役割を果たしていることを理解できる。

〈学習の展開〉

	学 習 活 動	指導上の留意点・教師の支援
導入	1　本時の目標を確認する。	
展開	2　オリンピックやパラリンピック及び国際的なスポーツ大会などは,国際親善や世界平和に大きな役割を果たしていることを理解する。 3　メディアの発達によって,スポーツの魅力が世界中に広がっていく様子から,文化としてのスポーツの意義について理解する。 4　人々を結びつけるスポーツの文化的働き等,国際的なスポーツ大会では,どのような交流や活動を行うことかできるかについて発表する。	
まとめ	5　本時の学習を振り返る。	

▼中学技術

□中学校2年技術

　次の題材について50分の授業を想定して，「学習活動」の2番について
ての模擬授業をできるところまで，5分程度で行ってください。

〈題材〉情報モラルと知的財産の保護と活用(教科書　P232～P237)

〈本時の目標〉

・情報モラルに気をつけて情報を安全に利用することができる。

・知的財産権と，その利用方法について理解し，望ましい情報社会の
　ために取るべき態度を身に付けることができる。

〈学習の展開〉

	学　習　活　動	指導上の留意点・教師の支援
導入	1　日常の生活を振り返り，インターネットの利用について，便利だったことや困ったことについて考える。	
展開	2　事例などを参考にして，情報の技術について，プラス面とマイナス面を考える。 3　2で挙げた，マイナス面を補うための対策について，班で話し合う。 4　3の話し合いの内容を学級全体で共有する。	
まとめ	5　学習したことや話し合ったことをもとに，日常の生活における情報の利用について心がけることをまとめる。	

▼中学家庭

□中学校1年家庭

　次の題材について50分の授業を想定して,「学習活動」の2番につい
ての模擬授業をできるところまで,5分程度で行ってください。

〈題材〉幼児の遊びと発達のかかわり(教科書　P52～P53)

〈本時の目標〉幼児の心身の発達と遊びとのかかわりについて理解で
　　　　　　　きる。

〈学習の展開〉

	学 習 活 動	指導上の留意点・教師の支援
導入	1　本時の課題を確認する。	
展開	2　遊びの役割について,その理由とともに考え,発表する。	
	3　「遊びの種類」,「大人や友達とのかかわり方」と心身の発達との関係について年齢ごとにグループでまとめ,発表する。	
まとめ	4　本時を振り返り,分かったことを自分の言葉でまとめる。	

▼中学英語

□中学校2年英語

　次の題材について50分の授業を想定して，「学習活動」の4番についての模擬授業をできるところまで，5分程度で行ってください。

〈題材〉

　Unit2　Traveling Overseas [Read & Think]

　(教科書　P26〜27)

〈本時の目標〉ニュージーランドについての英文を読んで，ニュージーランドに行きたいかどうかや何をしたいかについて，自分の考えや気持ちなどを整理し，伝え合うことができる。

〈学習の展開〉

	学　習　活　動	指導上の留意点・教師の支援
導入	1　挨拶をし，Small Talk を行う。 2　本時の目標を確認する。	
展開	3　前時に読んだ英文の内容について振り返る。 4　P27の Understanding 3 の質問について，自分の考えや気持ちなどを伝え合う。	
まとめ	5　本時の振り返りをする。 6　挨拶をする。	

□中学校2年英語

　次の題材について50分の授業を想定して,「学習活動」の4番につい
ての模擬授業をできるところまで,5分程度で行ってください。

〈題材〉

　Unit3　In Case of Emergency [Read & Think]

　(教科書　P38～39)

〈本時の目標〉防災公園についての英文を読んで,興味を持った防災
　　　　　　　用品についての自分の考えや気持ちなどを整理し,伝
　　　　　　　え合うことができる。

〈学習の展開〉

		学　習　活　動	指導上の留意点・教師の支援
導入	1	挨拶をし,Small Talk を行う。	
	2	本時の目標を確認する。	
展開	3	前時に読んだ内容について振り返る。	
	4	P39の Understanding 3の質問について,自分の考えや気持ちなどを伝え合う。	
まとめ	5	本時の振り返りをする。	
	6	挨拶をする。	

□中学校2年英語

　次の題材について50分の授業を想定して，「学習活動」の4番について の模擬授業をできるところまで，5分程度で行ってください。

〈題材〉

　Unit6 Unique Animals [Read & Think]

　(教科書　P80〜P81)

〈本時の目標〉ナマケモノについての英文を読んで，ナマケモノにつ いての自分の考えや気持ちなどを整理し，伝え合うこ とができる。

〈学習の展開〉

	学　習　活　動	指導上の留意点・教師の支援
導入	1　挨拶をし，Small Talk を行う。 2　本時の目標を確認する。	
展開	3　前時に読んだ内容について振り返る。 4　P81の Understanding 3の質問について，自分の考えや気持ちなどを伝え合う。	
まとめ	5　本時の振り返りをする。 6　挨拶をする。	

□中学校2年英語

次の題材について50分の授業を想定して,「学習活動」の4番についての模擬授業をできるところまで,5分程度で行ってください。

〈題材〉

Unit7 Let's Compare [Read & Think]

(教科書P98～P99)

〈本時の目標〉人気のあるスポーツについての英文を読んで,好きなスポーツやしたいスポーツなどについて,自分の考えや気持ちなどを整理し,伝え合うことができる。

〈学習の展開〉

	学 習 活 動	指導上の留意点・教師の支援
導入	1 挨拶をし,Small Talk を行う。 2 本時の目標を確認する。	
展開	3 前時に読んだ内容について振り返る。 4 P99の Understanding 3の質問について,自分の考えや気持ちなどを伝え合う。	
まとめ	5 本時の振り返りをする。 6 挨拶をする。	

□中学校2年英語

　次の題材について50分の授業を想定して,「学習活動」の4番につい
ての模擬授業をできるところまで,5分程度で行ってください。

〈題材〉

　Lesson 5　Festivals Have Meanings [Read & Think]

　(教科書　P68〜P69)

〈本時の目標〉花火大会についての英文を読んで,花火について,自
　　　　　　　分の考え,気持ちなどを整理し,伝え合うことができ
　　　　　　　る。

〈学習の展開〉

	学　習　活　動	指導上の留意点・教師の支援
導入	1　挨拶をし,Small Talk を行う。 2　本時の目標を確認する。	
展開	3　前時に読んだ英文の内容について振り返る。 4　P69のUnderstanding 3の質問について,自分の考えや気持ちなどを伝え合う。	
まとめ	5　本時の振り返りをする。 6　挨拶をする。	

□中学校2年英語

　次の題材について50分の授業を想定して,「学習活動」の4番についての模擬授業をできるところまで,5分程度で行ってください。

〈題材〉

　Unit1 What is a Hero? [Read & Think]

　(教科書　P14〜P15)

〈本時の目標〉アンパンマンについての英文を読んで,自分にとってのヒーローとその理由について,自分の考え,気持ちなどを整理し,伝え合うことができる。

〈学習の展開〉

	学　習　活　動	指導上の留意点・教師の支援
導入	1　挨拶をし,Small Talk を行う。 2　本時の目標を確認する。	
展開	3　前時に読んだ英文の内容について振り返る。 4　P15の Understanding 3の質問について,自分の考えや気持ちなどを伝え合う。	
まとめ	5　本時の振り返りをする。 6　挨拶をする。	

▼高校国語

□「言語文化」における古文について，50分の授業を想定し，「展開」
　の「3」の模擬授業を，10分以内で行ってください。その際，今後
　の古典学習への意欲を持たせるよう，適宜板書しながら補足説明を
　行ってください。

〈言語文化　学習指導案〉

1　実施日　令和5年9月21日(木)第1限

2　学級　1年1組

3　単元名　古典の世界をもとに，物語をつくろう①

4　教材名　『宇治拾遺物語』

5　言語活動　視点を変えて，物語の後日譚を書く

6　本時の目標　作品の読解をもとに，さまざまな登場人物の心情を
　想像し，文章の展開や文体，描写などの表現の仕方を工夫して，物
　語を創作することができる。

7　本時の展開

	学 習 活 動	指導上の留意点	具体の評価規準
導　入 5分	1　本時の目標を確認する。		
展　開 40分	2　前時に各自が作成した，物語の展開や登場人物の心情などの，後日譚の構成メモを，グループ内で発表する。 3　教師の補足説明を聞き，グループでの協議内容も参考にして物語を書く。 4　作成した物語をグループ内で発表し，相互評価を行う。		
まとめ 5分	5　本時の学習内容を振り返り，次時の学習内容の説明を聞く。		

□「言語文化」における現代文について，50分の授業を想定し，「展開」の「3」の模擬授業を，10分以内で行ってください。その際，今後の現代文学習への意欲を持たせるよう，適宜板書しながら補足説明を行ってください。

〈言語文化　学習指導案①〉

1　実施日　令和5年9月21日(木)第1限
2　学級　1年1組
3　単元名　小説を批評しよう①
4　教材名　『羅生門』
5　言語活動　小説についての批評を作成し，相互評価をする。
6　本時の目標　作品についての批評を聞いて，評価項目や評価基準に留意して評価を行い，その評価について，論理的に説明することができる。
7　本時の展開

	学 習 活 動	指導上の留意点	具体の評価規準
導　入 5分	1　本時の目標を確認する。		
展　開 40分	2　前時に各自が作成した作品についての批評をグループ内で発表し，相互評価のためのメモを作成する。 3　教師の補足説明を聞き，グループ内で相互評価を口頭で説明し，協議する。		
まとめ 5分	4　本時の学習内容を振り返り，次時の学習内容の説明を聞く。		

□「言語文化」における古文について，50分の授業を想定し，「展開」
　の「3」の模擬授業を，10分以内で行ってください。その際，今後
　の古典学習への意欲を持たせるよう，適宜板書しながら補足説明を
　行ってください。

〈言語文化　学習指導案②〉

1　実施日　　令和5年9月21日(木)第1限
2　学級　　1年1組
3　単元名　　古典を批評しよう①
4　教材名　　『枕草子』
5　言語活動　古典作品についての批評を作成し，相互評価をする。
6　本時の目標　作品についての批評を聞いて，評価項目や評価基準
　　　　　　　　に留意して評価を行い，その評価について，論理的
　　　　　　　　に説明することができる。
7　本時の展開

		学 習 活 動	指導上の留意点	具体の評価規準
導　入 5分	1	本時の目標を確認する。		
展　開 40分	2	前時に各自が作成した作品について の批評をグループ内で発表し，相互評 価のためのメモを作成する。 3　教師の補足説明を聞き，グループ内 　で相互評価を口頭で説明し,協議する。		
まとめ 5分	4	本時の学習内容を振り返り，次時の 学習内容の説明を聞く。		

141

□「言語文化」における漢文について，50分の授業を想定し，「展開」
の「3」の模擬授業を，10分以内で行ってください。その際，今後
の古典学習への意欲を持たせるよう，適宜板書しながら補足説明を
行ってください。

〈言語文化　学習指導案④〉

1　実施日　令和5年9月21日(木)第1限
2　学級　1年1組
3　単元名　古典を批評しよう①
4　教材名　『論語』
5　言語活動　古典作品についての批評を作成し，相互評価をする。
6　本時の目標　作品についての批評を聞いて，評価項目や評価基準
　　　　　　　に留意して評価を行い，その評価について，論理的
　　　　　　　に説明することができる。
7　本時の展開

	学　習　活　動	指導上の留意点	具体の評価規準
導　入 5分	1　本時の目標を確認する。		
展　開 40分	2　前時に各自が作成した作品について の批評をグループ内で発表し，相互評 価のためのメモを作成する。 3　教師の補足説明を聞き，グループ内 で相互評価を口頭で説明し，協議する。		
まとめ 5分	4　本時の学習内容を振り返り，次時の 学習内容の説明を聞く。		

▼高校地歴

□次の指導案で「日本史探究」の授業を行います。50分の授業を想定
し，本時の目標を踏まえたうえで展開部分の「展開3」から始めて
できるところまで，10分以内で模擬授業を行ってください。その際，

　資料の提示や生徒への問いかけ(SQ)，具体的な指示，板書等も工夫
して行うこと。

〈地理歴史科(日本史探究)指導案〉

単元「中世の国家・社会の変容」(本時：応仁の乱と国一揆)

1　実施日　令和5年〇月△日

2　指導ホームルーム　2年□組

3　本時の目標

　応仁の乱とその後の山城の国一揆・加賀の一向一揆は，当時の社会
や室町幕府の支配体制にどのような影響を及ぼしたか考察する。

4　展開

	学習活動	指導上の留意点	具体の評価規準
導入	1　図像史料『真如堂縁起』を活用し，足軽がどのような行為を行っているか読み取り，話し合う。 2　本時の目標を知る。 （MQ　応仁の乱は，当時の社会にどのような影響を与えたのだろうか？）		
展開	1　応仁の乱の背景と対立関係について，図版を活用しながら考察する。 2　応仁の乱の経過と影響について，支配体制の分裂と弱体化の様子を多面的・多角的に考察し，京都が荒廃したことを理解する。 3　山城の国一揆・加賀の一向一揆に関する史料を活用しながら，それぞれの背景と経過，結果についてまとめ，下剋上の風潮の出現について考察する。		
まとめ	応仁の乱とその後の山城の国一揆・加賀の一向一揆を大きな時代の流れの中に位置付け，室町幕府の支配体制に与えた影響をまとめて表現する。		

〈指導案補足〉

　MQ(メインクエスチョン)：単元あるいは本時における「基軸となる
問い」

　SQ(サブクエスチョン)：MQについて考えるための「問い」

□次の指導案で「日本史探究」の授業を行います。50分の授業を想定
し，本時の目標を踏まえたうえで展開部分の「展開2」から始めて
できるところまで，10分以内で模擬授業を行ってください。その際，
資料の提示や生徒への問いかけ(SQ)，具体的な指示，板書等も工夫
して行うこと。

地理歴史科(日本史探究)指導案

単元「中世の国家・社会の変容」(本時：惣村の形成と土一揆)

1　実施日　令和5年○月△日

2　指導ホームルーム　2年□組

3　本時の目標

　機内近国で，惣村と呼ばれる村民による自治的運営が転換した背景
と経過，一揆を結び実力行使にでたことについて考察する。頻繁に発
生するようになった土一揆の背景や蜂起時期，要求，経過などを分類
してまとめる。

4　展開

	学習活動	指導上の留意点	具体の評価規準
導入	1　現在も中世の惣村の特徴を残す「菅浦の湖岸集落」（重要文化的景観）の写真を見て，気付いたことを表現する。 2　本時の目標を知る。		
	MQ　惣村で民衆が結合を深めた背景には，どのようなことが考えられるだろうか？		
展開	1　惣村の形成が農業経営の集約化・多角化を背景に農業生産が発展した地域で進んだことを理解する。 2　惣掟に関する史料を活用しながら，惣村が自治的機関として，どのような組織，構成員，規約から成立していたか，惣村の発展と一揆が結ばれることとの関係について考察する。 3　土一揆について，発生の背景や蜂起時期，要求，経過などを分類してまとめ，表現する。		
まとめ	足利義満以降の室町幕府の変遷について，惣村の発展や反乱，土一揆と関連させ多面的・多角的に理解する。		

〈指導案補足〉

　MQ(メインクエスチョン)：単元あるいは本時における「基軸となる問い」

　SQ(サブクエスチョン)：SQの追求をとおしてMQを深めることができる「問い」

□次の指導案で「日本史探究」の授業を行います。50分の授業を想定し，本時の目標を踏まえたうえで展開部分の「展開2」から始めてできるところまで，10分以内で模擬授業を行ってください。その際，資料の提示や生徒への問いかけ(SQ)，具体的な指示，板書等も工夫して行うこと。

〈地理歴史科(日本史探究)指導案〉

単元「中世の国家・社会の変容」(本時：南北朝の動乱と守護大名の成長)

1　実施日　令和5年〇月△日

2　指導ホームルーム　2年□組

3　本時の目標

　南北朝の動乱の経緯を理解し，長期化する動乱のなかで守護大名や国人一揆などの地域権力が形成された背景について史料の読み取りを通して考察する。室町幕府の将軍と武士の関係について鎌倉時代の関係と比較し，変化した理由を考察しまとめる。

4 展開

	学習活動	指導上の留意点	具体の評価規準
導入	1 建武の新政が崩壊し，朝廷が吉野の南朝（大覚寺統）と京都の北朝（持明院統）に分裂する事態となったことを確認する。 2 本時の目標を知る。		
	MQ 守護はどのようにして支配権を拡大していったのだろうか？		
展開	1 武家勢力が多元化し，南北朝の動乱が全国化・長期化した背景と経緯について，惣領制の解体から考察する。 2 史料「半済令」から読み取ったことを踏まえ，守護大名の権限が強化していった背景や経緯について，多面的・多角的に考察する。 3 守護大名の力が弱い地域では国人の活動が盛んとなり一揆が形成されたことを理解し，国人一揆の特徴を表現する。		
まとめ	室町幕府の将軍と武士の関係が，鎌倉時代の関係から変化した理由を考察し，ワークシートにまとめる。		

〈指導案補足〉

MQ(メインクエスチョン)：単元あるいは本時における「基軸となる
　　　　　　　　　　　　問い」

SQ(サブクエスチョン)：MQについて考えるための「問い」

□次の指導案で「世界史探究」の授業を行います。50分の授業を想定
し，本時の目標を踏まえたうえで展開部分の「展開2」から始めて
できるところまで，10分以内で模擬授業を行ってください。その際，
資料の提示や生徒への問いかけ(SQ)，具体的な指示，板書等も工夫
して行うこと。

〈地理歴史科(世界史探究)指導案〉

単元「ヨーロッパ世界の形成」(本時：西ヨーロッパの中心となるフラ
ンク王国)

1 実施日　令和5年〇月△日

2　指導ホームルーム　2年□組

3　本時の目標

　「クローヴィスの洗礼」について，その意味を考察し，ゲルマン人国家の一つであるフランク王国が，ローマ教会と結びつくことで権威を得て成長していったことを理解する。カールの戴冠は，世界の歴史においてどのような意義を持つか考察する。

4　展開

	学習活動	指導上の留意点	具体の評価規準
導入	1　史料を見て，フランク王が改宗したことの目的について考察する。 2　本時の目標を知る。 （MQ　カールの戴冠は，世界の歴史においてどのような意義があるだろうか？）		
展開	1　クローヴィス王や宮宰カール＝マルテル，その子ピピンの業績を整理し，ローマ教会と結びつくことでフランク王国が成長していったことについて理解する。 2　カール大帝の業績について，地図を活用しながら理解し，教皇レオ3世がなぜ帝冠を与えたのか考察する。 3　カールの戴冠により，西ヨーロッパ中世世界が成立したといわれる理由と，西ヨーロッパ世界の特徴についてまとめて表現する。		
まとめ	古代地中海世界が，西ヨーロッパと東ヨーロッパ，イスラーム世界に分かれて発展していくこととなる中世ヨーロッパ世界の学習に展望を持つ。		

〈指導案補足〉

　　MQ(メインクエスチョン)：単元あるいは本時における「基軸となる問い」

　　SQ(サブクエスチョン)：MQについて考えるための「問い」

□次の指導案で「世界史探究」の授業を行います。50分の授業を想定し，本時の目標を踏まえたうえで展開部分の「展開2」から始めて

できるところまで，10分以内で模擬授業を行ってください。その際，資料の提示や生徒への問いかけ(SQ)，具体的な指示，板書等も工夫して行うこと。

〈地理歴史科(世界史探究)指導案〉

単元「地中海周辺の国家形成」(本時：ローマの地中海征服とその影響)

1　実施日　令和5年○月△日

2　指導ホームルーム　2年□組

3　本時の目標

　古代ローマでは共和政が発展し，カルタゴとのポエニ戦争に勝利したことで西地中海の制海権を獲得したが，長年の戦争の影響によりローマ社会が変容していったことについて，中小農民の立場から考察し，理解する。

4　展開

	学習活動	指導上の留意点	具体の評価規準
導入	1　貴族と平民の身分闘争を経て，ローマ共和政が発展したことを振り返る。 2　本時の目標を知る。 （MQ 地中海における領土拡大により，ローマ共和政はどのように変容したか？）		
展開	1　ポエニ戦争が西地中海の制海権をめぐる経済戦争でもあったことに気付き，戦争の結果とその意義について考察する。 2　地中海における急速な領土の拡大が中小農民の没落を招いた理由について考察し，ローマ社会が変質していった様相について多面的・多角的に理解する。 3　「内乱の1世紀」に陥ったローマを，カエサル，オクタヴィアヌスらが収拾し，共和政の形式を尊重しながら事実上の帝政を開始した理由について考察する。		
まとめ	ローマが共和政から帝政へ展開した要因について，多面的・多角的に考察し，複数の理由から表現する。		

〈指導案補足〉

　　MQ(メインクエスチョン)：単元あるいは本時における「基軸となる
　　　　　　　　　　　　　　問い」

　　SQ(サブクエスチョン)：MQについて考えるための「問い」

□次の指導案で「世界史探究」の授業を行います。50分の授業を想定
　し，本時の目標を踏まえたうえで展開部分の「展開3」から始めて
　できるところまで，10分以内で模擬授業を行ってください。その際，
　資料の提示や生徒への問いかけ(SQ)，具体的な指示，板書等も工夫
　して行うこと。

〈地理歴史科(世界史探究)指導案〉

単元「地中海周辺の国家形成」(本時：古代アテネの民主政)

1　実施日　令和5年〇月△日

2　指導ホームルーム　2年□組

3　本時の目標

　古代アテネにおいて，平民が重装歩兵や三段櫂船のこぎ手として活
躍したことを背景に，王政，貴族政にかわって民主政が発達していっ
た過程を理解する。また，ペリクレスのもとで完成した民主政と現代
の民主政との違いについて考察する。

4 展開

	学習活動	指導上の留意点	具体の評価規準
導入	1 古代ギリシアに形成された都市国家ポリスの特徴について復習する。 2 本時の目標を知る。 （MQ アテネの民主政は，現代の民主政とどのような違いがあるだろうか？）		
展開	1 重装歩兵が軍隊の主力となり，武具を自弁した平民が国防において重要な役割を果たすようになり，民主政への歩みがはじまったことを理解する。 2 アテネにおいて，調停者ソロンの改革やペイシストラトスの僭主政治，クレイステネスの陶片追放の制度で民主政の基礎が築かれたことを理解する。 3 ペルシア戦争のいきさつと結果を確認し，無産市民が軍艦（三段櫂船）のこぎ手として活躍したことが，ペリクレス時代の民主政の完成につながったことについて考察する。		
まとめ	古代アテネで平民が参政権を獲得した歴史を踏まえながら，今日の民主政との相違点について考察しまとめる。		

〈指導案補足〉

　　MQ(メインクエスチョン)：単元あるいは本時における「基軸となる
　　　　　　　　　　　　　　問い」

　　SQ(サブクエスチョン)：MQについて考えるための「問い」

□次の指導案で「地理探究」の授業を行います。50分の授業を想定し，本時の目標を踏まえたうえで展開部分の「展開3」から始めてできるところまで，10分以内で模擬授業を行ってください。その際，資料の提示や生徒への問いかけ(SQ)，具体的な指示，板書等も工夫して行うこと。

〈地理歴史科(地理探究)指導案〉

単元「資源と産業－エネルギー・鉱山資源－」(本時：世界のエネルギ

一資源とその課題)

1 実施日　令和5年◯月△日

2 指導ホームルーム　2年□組

3 本時の目標

　地図帳と資料を活用し，化石燃料(石炭と天然ガス)の分布と輸出入について読み取り，既習の石油と合わせてまとめる。化石燃料の課題を克服するための多様な取り組みについて理解し，持続可能な社会を目指すにはどうすればよいか考察する。

4 展開

	学習活動	指導上の留意点	具体の評価規準
導入	1　1次エネルギーの中心である石油の生産と消費，人間生活との関わりや国際的な取引について復習する。 2　本時の目標を知る。 （MQ 資源・エネルギー問題を解決し，持続可能な社会をどのように実現できるか？）		
展開	1　地図帳を活用し，石炭の分布の特徴について地形との関係から考察し，石炭の国際的な移動及び日本の輸入先について調べる。 2　資料を活用し，需要が高まる天然ガスの生産と消費，貿易について特徴を理解し，石油を含めた各エネルギー資源の特徴を整理する。 3　新たな化石燃料であるシェールガス・オイル等の開発や，バイオマスエネルギーを含む様々な再生可能エネルギーの導入の動きとその課題について考察する。		
まとめ	持続可能な社会の実現に向けた資産・エネルギーの利用とはどのようなものか考察し，具体的に説明する。		

〈指導案補足〉

　　MQ(メインクエスチョン)：単元あるいは本時における「基軸となる
　　　　　　　　　　　　　　問い」

　　SQ(サブクエスチョン)：MQについて考えるための「問い」

▼高校公民

□「こんにちの労働問題」について，50分の授業を行います。「展開5」の模擬授業を，できるところまで10分以内で行ってください。データや資料を活用し，自分自身の「働き方」について考えさせる内容としてください。また，生徒に分かりやすいように，ホワイトボードを活用(板書)して進めてください。

〈公民(公共)　学習指導案〉

単元　こんにちの労働問題

1　実施日　令和5年○○月△△日

2　指導ホームルーム　□年◇組

3　本時の目標

　日本の雇用形態や労働環境にどのような変化が生じているかを理解し，新たな課題について探求し，また，労働保護立法・制度について理解するとともに，望ましい「働き方」について考える。

4　展開

	学習活動	指導上の留意点	具体の評価規準
導入 5分	1　課題解決への見通しを立てる。		
展開 40分	2　日本的雇用慣行や制度が変容した理由について考察する。		
	3　雇用や労働環境の変化により生じている課題について探究する。		
	4　労働保護立法や新たに導入された制度について理解する。		
	5　働く目的や望ましい働き方について構想する。		
まとめ 5分	6　導入時の見通しを踏まえ，学習を振り返る。		

▼高校数学

□次の指導案で「数学Ⅱ」の授業を行います。「展開2」「展開3につい
　ての模擬授業をできるところまで，10分以内で行ってください。そ
　の際，生徒がつまずきやすいところや学習事項の意義についての指
　導にも留意してください。

〈数学Ⅱ　学習指導案〉

単元　恒等式

1　実施日　令和5年○○月○○日

2　指導ホームルーム　2年○組　40名

3　本時の目標

　恒等式の性質を理解し，恒等式となるように係数を決定することが
できる。

4　展開

	学習活動	指導上の留意点	学習活動における 具体の評価規準
導入 5分	1　本時の目標について聞く。		
展開 40分	2　恒等式の説明を聞く。 3　例題1の説明を聞き，問2を解く。 4　近くの生徒同士で問2の答え合わせを行う。 5　問2の解説を聞く。		
まとめ 5分	6　まとめと次時の予告を聞く。		

□次の指導案で「数学Ⅱ」の授業を行います。「展開2」「展開3」につ
　いての模擬授業をできるところまで，10分以内で行ってください。

　その際，生徒がつまずきやすいところや学習事項の意義についての
指導にも留意してください。

〈数学Ⅱ　学習指導案〉

単元　軌跡と方程式

1　実施日　令和5年○○月○○日

2　指導ホームルーム　2年○組　40名

3　本時の目標

　軌跡の定義を理解し，与えられた条件を満たす点の軌跡を求めるこ
とができる。

4　展開

	学習活動	指導上の留意点	学習活動における 具体の評価規準
導入 5分	1　本時の目標について聞く。		
展開 40分	2　軌跡の説明を聞く。 3　例題1の説明を聞き，問1を解く。 4　近くの生徒同士で問1の答え合わせを行う。 5　問1の解説を聞く。		
まとめ 5分	6　まとめと次時の予告を聞く。		

□次の指導案で「数学Ⅱ」の授業を行います。「展開2」「展開3」につ
いての模擬授業をできるところまで，10分以内で行ってください。
その際，生徒がつまずきやすいところや学習事項の意義についての
指導にも留意してください。

〈数学Ⅱ　学習指導案〉

単元　剰余の定理

1　実施日　令和5年〇〇月〇〇日

2　指導ホームルーム　2年〇組　40名

3　本時の目標

　剰余の定理を利用して，多項式を1次式や2次式で割ったときの余りを求めることができる。

4　展開

	学習活動	指導上の留意点	学習活動における具体の評価規準
導入5分	1　本時の目標について聞く。		
展開40分	2　剰余の定理の説明を聞く。 3　例題1の説明を聞き，問3を解く。 4　近くの生徒同士で問3の答え合わせを行う。 5　問3の解説を聞く。		
まとめ5分	6　まとめと次時の予告を聞く。		

□次の指導案で「数学Ⅱ」の授業を行います。「展開2」「展開3」についての模擬授業をできるところまで，10分以内で行ってください。その際，生徒がつまずきやすいところや学習事項の意義についての指導にも留意してください。

〈数学Ⅱ　学習指導案〉

単元　円と直線の位置関係

1　実施日　令和5年〇〇月〇〇日

2　指導ホームルーム　2年〇組　40名

3　本時の目標

　円と直線の共有点の個数を，2次方程式の実数解の個数で考察することができる。

4　展開

	学習活動	指導上の留意点	学習活動における具体の評価規準
導入 5分	1　本時の目標について聞く。		
展開 40分	2　円と直線の位置関係の説明を聞く。 3　例題4の説明を聞き，問8を解く。 4　近くの生徒同士で問8の答え合わせを行う。 5　問8の解説を聞く。		
まとめ 5分	6　まとめと次時の予告を聞く。		

▼高校理科

□物理

　「電池の起動力と内部抵抗の測定」について，50分の授業を行います。「展開4」の模擬授業をできるところまで，10分以内で行ってください。その際，生徒が理解しやすくなるように，「電池の内部抵抗」について，ホワイトボードに図示(板書)しながら説明すること。

〈物理　学習指導案〉

単元　「電気と電流」

1　実施日　令和5年○○月△△日

2　指導ホームルーム　□年◇組

3 本時の目標

　「新しい電池と古い電池との違いについて」を予想し結果を比較して考察し，電気回路における基本的な法則を理解する。

4 展開

	学習活動	指導上の留意点	具体の評価規準
導入 5分	1 本時のねらいを聞く。		
展開 40分	2 「電池の端子電圧」について学習する。 3 「電池の起電力と内部抵抗の測定」について実験する。 4 「電池の内部抵抗」について学習する。 5 「最大消費電力」について学習する。		
まとめ 5分	6 本時のまとめを聞く。		

□化学

　酸と塩基について50分の授業を行います。別に示した資料を使って，展開4の，「酸や塩基の定義を知る」についての授業を，10分以内で行ってください。その際，ホワイトボードを用いて，化学式等を示しながら説明してください。

〈化学　学習指導案〉

単元　酸と塩基

1 実施日　令和5年6月26日

2 指導ホームルーム　1年A組

3 本時の目標

　酸や塩基の性質と定義について理解している。

4　展開

	学習活動	指導上の留意点	具体の評価規準
導入 5分	1 本時のねらいを聞く。		
展開 40分	2 食酢，レモン汁，石灰水，アンモニア水の性質の違いを，リトマス紙，ＢＴＢ溶液，マグネシウムを用いて確かめる実験を行う。 3 アンモニアと塩化水素の反応についての演示実験を観察する。 4 酸や塩基の定義を知る。 5 主な酸・塩基の名称と化学式を知る。		
まとめ 5分	6 本時のまとめを聞く。		

□生物

　免疫記憶について50分の授業を行います。「展開2」の模擬授業をできるところまで，10分以内で行ってください。その際，生徒が理解しやすくなるように，抗原の侵入に伴い，抗体の量(相対値)がどのように変化するか，ホワイトボードに図示(板書)しながら説明すること。

生物基礎　学習指導案

〈単元　免疫のはたらき〉

1　実施日　令和5年10月1日

2　指導ホームルーム　1年1組

3　本時の目標

　予防接種やツベルクリン反応のしくみについて，免疫記憶と関連付けて理解する。

4　展開

	学習活動	指導上の留意点	具体の評価規準
導入 (5分)	1　本時のねらいを聞く。		
展開 (40分)	2　免疫記憶について学習する。　3　ワクチンと予防接種について学習する。　4　ツベルクリン反応について学習する。		
まとめ (5分)	5　本時のまとめを聞く。		

□生物

　酵素について50分の授業を行います。「展開3」の模擬授業をできるところまで，10分以内で行ってください。その際，生徒が理解しやすくなるように，温度と反応速度の関係を，ホワイトボードに図示(板書)しながら説明すること。

生物　学習指導案

〈単元　酵素とそのはたらき〉

1　実施日　令和5年5月1日

2　指導ホームルーム　2年1組

3　本時の目標

　酵素の基質特異性や最適温度，最適pHについて，酵素の立体構造と関連付けながら理解する。

4　展開

	学習活動	指導上の留意点	具体の評価規準
導入 (5分)	1　本時のねらいを聞く。		
展開 (40分)	2　酵素の基質特異性について学習する。		
	3　酵素の最適温度について学習する。		
	4　酵素の最適 pH について学習する。		
まとめ (5分)	5　本時のまとめを聞く。		

□地学

　局地風について，50分の授業を行います。「展開2」の模擬授業をできるところまで，10分以内で行ってください。その際，生徒が理解しやすいように，海陸風は，海と陸の温度の日変化によって生じることについて，ホワイトボードに板書しながら説明すること。

〈地学　学習指導案〉

単元　局地風

1　実施日　令和5年〇〇月△△日

2　指導ホームルーム　□年◇組

3　本時の目標

　局地風が吹くしくみについて理解する。

4　展開

	学習活動	指導上の留意点	具体の評価規準
導入 5分	1　本時のねらいを聞く。		
	海陸風や山谷風は，どのようなしくみで吹くのだろうか。		
展開 40分	2　晴れた日の海岸付近では，日中は海風が，夜間は陸風が吹くことを知り，そのしくみを理解する。 3　海陸風は，地表との摩擦力と転向力のため，海岸線に直角の方向から少し斜めに吹くことについて考える。 4　晴れた日の山岳地域では，日中は谷風が，夜間は山風が吹くことを知り，そのしくみを理解する。		
まとめ 5分	5　本時のまとめを聞く。		

▼高校保体

□別に示した教科書・資料について，50分の授業を想定し，「展開2」の内容について，資料を利用して，板書しながら10分以内で行ってください。

〈保健体育科学習指導案〉

単元　生涯を通じる健康　(教材)「結婚生活と健康」

1　実施日　令和6年5月30日

2　指導ホームルーム　2年1組

3　本時の目標

　結婚生活における受精，妊娠，出産とそれに伴う健康課題について

理解できるようにするとともに，健康課題には年齢や生活習慣などが
関わることについて理解できるようにする。

4　展開

	学習活動	指導上の留意点	具体の評価規準
導入 5分	1　本時のねらいを聞く。		
展 開 40分	2　健康な結婚生活について学習する。 3　家族と健康について学習する。		
まとめ 5分	4　本時のまとめを聞く。		

□別に示した教科書・資料について，50分の授業を想定し，「展開3」
　の内容について，資料を利用して，板書しながら10分以内で行って
　ください。

〈保健体育科学習指導案〉

単元　生涯を通じる健康　(教材)「加齢と健康」

1　実施日　令和6年10月1日

2　指導ホームルーム　2年1組

3　本時の目標

　高齢社会では，認知症を含む疾病等への対処，事故の防止，生活の
質の保持，介護などの必要性が高まることなどから，保健・医療・福
祉の連携と総合的な対策が必要であることを理解できるようにする。

4 展開

		学習活動	指導上の留意点	具体の評価規準
導入 5分	1	本時のねらいを聞く。		
展 開 40分	2 3	加齢と健康課題について学習する。 高齢社会における取組について学習する。		
まとめ 5分	4	本時のまとめを聞く。		

□別に示した教科書・資料について，50分の授業を想定し，「展開2」の内容について，資料を利用して，板書しながら10分以内で行ってください。

保健体育科学習指導案

単元 現代社会と健康 (教材)「薬物乱用とその防止」

1 実施日 令和6年9月30日

2 指導ホームルーム 1年1組

3 本時の目標

薬物乱用を防止するには，正しい知識の普及，健全な価値観や規範意識の育成などの個人への働きかけ，及び法的な規制や行政的な対応など社会環境への対策が必要であることを理解できるようにする。

4 展開

	学習活動	指導上の留意点	具体の評価規準
導入 5分	1 本時のねらいを聞く。		
展 開 40分	2 薬物乱用がもたらす 影響について学習する。 3 薬物乱用を防止する 社会環境への対策につ いて学習する。		
まとめ 5分	4 本時のまとめを聞く。		

□別に示した教科書・資料について，50分の授業を想定し，「展開2」
　の内容について，資料を利用して，板書しながら10分以内で行って
　ください。

〈保健体育科学習指導案〉

単元　現代社会と健康　(教材)「喫煙と健康」

1　実施日　令和6年9月7日

2　指導ホームルーム　1年2組

3　本時の目標

　喫煙は，生活習慣病などの要因となり心身の健康を損ねることや，
周囲の人々や胎児への影響について理解できるようにする。

4 展開

	学習活動	指導上の留意点	具体の評価規準
導入 5分	1 本時のねらいを聞く。		
展開 40分	2 喫煙が及ぼす周囲の人々への影響を学習する。 3 喫煙問題と20歳未満の者への対策について学習する。		
まとめ 5分	4 本時のまとめを聞く。		

□別に示した教科書・資料について，50分の授業を想定し，「展開3」の内容について，資料を利用して，板書しながら10分以内で行ってください。

〈保健体育科学習指導案〉

単元 現代社会と健康 (教材)「感染症の予防」

1 実施日 令和6年5月10日

2 指導ホームルーム 1年1組

3 本時の目標

　感染症の予防には，個人の取組及び社会的な対策を行う必要があることを理解できるようにする。

4 展開

	学習活動	指導上の留意点	具体の評価規準
導入 5分	1 本時のねらいを聞く。		
展開 40分	2 感染症の種類と歴史について確認し，新興感染症や再興感染症の発生や流行について学習する。 3 感染症予防のための個人の取組及び社会的対策について学習する。		
まとめ 5分	4 本時のまとめを聞く。		

□別に示した教科書・資料について，50分の授業を想定し，「展開2」の内容について，資料を利用して，板書しながら10分以内で行ってください。

〈保健体育科学習指導案〉

単元 現代社会と健康 (教材)「飲酒と健康」

1 実施日 令和6年9月14日

2 指導ホームルーム 1年1組

3 本時の目標

　飲酒による健康被害を防止するには，正しい知識の普及，健全な価値観の育成などの個人への働きかけ，及び法的な整備も含めた社会環境への適切な対策が必要であることを理解できるようにする。

4 展開

	学習活動	指導上の留意点	具体の評価規準
導入 5分	1 本時のねらいを聞く。		
展開 40分	2 アルコールが体に及ぼす影響について学習する。 3 飲酒による健康被害の防止について学習する。		
まとめ 5分	4 本時のまとめを聞く。		

▼高校音楽

□表現領域(創作分野)について，50分の授業を行います。「展開2」の模擬授業をできるところまで，10分以内で行ってください。その際，創作の条件や手順について，どのように生徒に提示するかが分かるように，板書で示すこと。

〈音楽科学習指導案〉

題材 動機を生かし，音楽をつくろう

1 実施日 令和5年11月14日

2 指導ホームルーム 1年5組

3 本時の目標

自己のイメージと音階や音型，リズムを関わらせて動機をつくる

167

4 展開

	学習活動	指導上の留意点	具体の評価規準
導入 10分	1 動機について復習し,課題を把握する。		
展開 35分	2 創作の条件や手順を理解する。 3 自己のイメージに合った動機をつくる。		
まとめ 5分	4 本時のまとめをし,次時の課題を確認する。		

▼高校音楽

□表現領域(創作分野)について,50分の授業を行います。「展開2」の模擬授業をできるところまで,10分以内で行ってください。その際,創作の条件や手順について,どのように生徒に提示するかが分かるように,板書で示すこと。

〈音楽科学習指導案〉

題材 音階の特徴を生かし,音楽をつくろう

1 実施日 令和5年11月14日

2 指導ホームルーム 1年5組

3 本時の目標

自己のイメージに合った音階の特徴を生かし,モチーフをつくる。

4　展開

	学習活動	指導上の留意点	具体の評価規準
導入 15分	1　様々な音階を聴き比べ，特徴を理解する。		
展開 30分	2　創作の条件や手順を理解する。 3　自己のイメージに合った音階を選択し，モチーフをつくる。		
まとめ 5分	4　本時のまとめをし，次時の課題を確認する。		

▼高校美術

□「動物彫刻」について，50分の授業を行います。「展開2」の模擬授業をできるところまで，10分以内で行ってください。その際，主題としようと考えている動物をどのように表すか，生徒が構想しやすくなるように，ホワイトボードに図示(板書)しながら説明すること。

〈美術Ⅰ学習指導案〉

題材　動物彫刻

1　実施日　令和5年○○月△△日

2　指導ホームルーム　1年◇組

3　本時の目標

　樹脂粘土を主材料として動物を創造的に表すために，構想を練る。

169

4 展開

	学習活動	指導上の留意点	具体の評価規準
導入 5分	1 前時の動物彫刻作品等の鑑賞を振り返り，本時の学習課題をつかむ。		
展開 40分	2 自由な視点で動物を表現するアイデアを出し合う。 3 自由な発想で表現の構想を練り、スケッチブックにアイデアスケッチをする。 4 作品の主題を決定する。		
まとめ 5分	5 本時の学習を振り返り，次時の確認をする。		

▼高校書道

□『書道Ⅰ』漢字仮名交じりの書の学習において，漢字と仮名の調和，文字の大きさ，全体の構成について理解するための，鑑賞と創作の授業を行います。別紙に示した図版を使って，指導案「展開3」を10分以内で行いなさい。その際，ホワイトボードを使って板書をしてください。

〈書道 学習指導案〉

単元 漢字仮名交じりの書「鑑賞と創作」

1 実施日 令和5年12月○○日

2 指導ホームルーム 1年○組

3 本時の目標

　様々な漢字仮名交じりの書の作品を鑑賞し，その特徴・魅力を考え，その根拠となる要素(漢字と仮名の調和，文字の大きさ，全体の構成)

について理解し，創作に生かせるようにする。

4　展開

	学習活動	指導上の留意点	具体の評価規準
導入 5分	1　本時のねらいを聞く。		
展 開 40分	2　図版を鑑賞し，印象・特徴を感想カードに記入する。 3　図版の印象や特徴をもたらす根拠となる要素（漢字と仮名の調和，文字の大きさ，全体の構成）について明らかにしながら，図版の感想を発表する。 4　自分の作品に取り入れる要素を決め，創作する。 5　図版を参考にした前後での，作品の印象の違いを確認する。		
まとめ 5分	6　本時のまとめと，次時の予告を聞く。		

▼高校英語

□別に示した英文について，50分の授業を想定し，「展開5」の模擬授業をできるところまで，10分以内で行ってください。その際，ICTを効果的に活用する場面を設定すること。

〈英語コミュニケーションⅠ学習指導案〉

単元　"Wearable Robots May Change Our Life"

1　実施日　令和5年10月13日(金)

2　指導ホームルーム　1年1組

3　本時の目標

　　聞いたり読んだりしたことを基に，情報や考え，気持ちなどを理由

や根拠とともに話して伝えることができる。

4　展開

	学習活動	指導上の留意点	具体の評価規準
導入 5分	1 本時の学習内容や目標を理解する。		
展開 40分	2 本文の内容に関連する画像を見ながら，オーラル・イントロダクションを聞いて，概要を理解する。 3 題材に関して知っていることを，クラス全体で共有する。 4 本文を読んで，必要な情報や特定部分の要点を理解する。 5 本文の内容について，情報や考え，気持ちなどを伝え合う。		
まとめ 5分	6 本時の目標をどの程度達成できたか振り返り，次時の予告を聞く。		

□別に示した英文について，50分の授業を想定し，「展開5」の模擬授業をできるところまで，10分以内で行ってください。その際，ICTを効果的に活用する場面を設定すること。

〈英語コミュニケーションⅠ学習指導案〉

単元　"Media Literacy"

1　実施日　令和5年10月13日(金)

2　指導ホームルーム　1年1組

3　本時の目標

　聞いたり読んだりしたことを基に，情報や考え，気持ちなどを理由や根拠とともに話して伝えることができる。

4 展開

	学習活動	指導上の留意点	具体の評価規準
導入 5分	1 本時の学習内容や目標を理解する。		
展開 40分	2 本文の内容に関連する画像を見ながら，オーラル・イントロダクションを聞いて，概要を理解する。		
	3 題材に関して知っていることを，クラス全体で共有する。		
	4 本文を読んで，必要な情報や特定部分の要点を理解する。		
	5 本文の内容について，情報や考え，気持ちなどを伝え合う。		
まとめ 5分	6 本時の目標をどの程度達成できたか振り返り，次時の予告を聞く。		

□別に示した英文について，50分の授業を想定し，「展開5」の模擬授業をできるところまで，10分以内で行ってください。その際，ICTを効果的に活用する場面を設定すること。

〈英語コミュニケーションⅠ学習指導案〉

単元　"Is This Meat Real or Fake?"

1　実施日　令和5年10月13日(金)

2　指導ホームルーム　1年1組

3　本時の目標

　聞いたり読んだりしたことを基に，情報や考え，気持ちなどを理由や根拠とともに話して伝えることができる。

4 展開

	学習活動	指導上の留意点	具体の評価規準
導入 5分	1 本時の学習内容や目標を理解する。		
展開 40分	2 本文の内容に関連する画像を見ながら，オーラル・イントロダクションを聞いて，概要を理解する。		
	3 題材に関して知っていることを，クラス全体で共有する。		
	4 本文を読んで，必要な情報や特定部分の要点を理解する。		
	5 本文の内容について，情報や考え，気持ちなどを伝え合う。		
まとめ 5分	6 本時の目標をどの程度達成できたか振り返り，次時の予告を聞く。		

□別に示した英文について，50分の授業を想定し，「展開5」の模擬授業をできるところまで，10分以内で行ってください。その際，ICTを効果的に活用する場面を設定すること。

〈英語コミュニケーションⅠ学習指導案〉

単元 "Soccer and Foreign Languages"

1 実施日 令和5年10月13日(金)

2 指導ホームルーム 1年1組

3 本時の目標

　聞いたり読んだりしたことを基に，情報や考え，気持ちなどを理由や根拠とともに話して伝えることができる。

4　展開

	学習活動	指導上の留意点	具体の評価規準
導入 5分	1　本時の学習内容や目標を理解する。		
展開 40分	2　本文の内容に関連する画像を見ながら，オーラル・イントロダクションを聞いて，概要を理解する。		
	3　題材に関して知っていることを，クラス全体で共有する。		
	4　本文を読んで，必要な情報や特定部分の要点を理解する。		
	5　本文の内容について，情報や考え，気持ちなどを伝え合う。		
まとめ 5分	6　本時の目標をどの程度達成できたか振り返り，次時の予告を聞く。		

□別に示した英文について，50分の授業を想定し，「展開5」の模擬授業をできるところまで，10分以内で行ってください。その際，ICTを効果的に活用する場面を設定すること。

〈英語コミュニケーションⅠ学習指導案〉

単元　"Pets and Humans: Together through Time"

1　実施日　令和5年10月13日(金)

2　指導ホームルーム　1年1組

3　本時の目標

　聞いたり読んだりしたことを基に，情報や考え，気持ちなどを理由や根拠とともに話して伝えることができる。

4 展開

	学習活動	指導上の留意点	具体の評価規準
導入 5分	1 本時の学習内容や目標を理解する。		
展開 40分	2 本文の内容に関連する画像を見ながら，オーラル・イントロダクションを聞いて，概要を理解する。		
	3 題材に関して知っていることを，クラス全体で共有する。		
	4 本文を読んで，必要な情報や特定部分の要点を理解する。		
	5 本文の内容について，情報や考え，気持ちなどを伝え合う。		
まとめ 5分	6 本時の目標をどの程度達成できたか振り返り，次時の予告を聞く。		

□別に示した英文について，50分の授業を想定し，「展開5」の模擬授業をできるところまで，10分以内で行ってください。その際，ICTを効果的に活用する場面を設定すること。

〈英語コミュニケーションⅠ学習指導案〉

単元 "Plastic Is Everywhere"

1 実施日 令和5年10月13日(金)

2 指導ホームルーム 1年1組

3 本時の目標

　聞いたり読んだりしたことを基に，情報や考え，気持ちなどを理由や根拠とともに話して伝えることができる。

4 展開

	学習活動	指導上の留意点	具体の評価規準
導入 5分	1 本時の学習内容や目標を理解する。		
展開 40分	2 本文の内容に関連する画像を見ながら，オーラル・イントロダクションを聞いて，概要を理解する。		
	3 題材に関して知っていることを，クラス全体で共有する。		
	4 本文を読んで，必要な情報や特定部分の要点を理解する。		
	5 本文の内容について，情報や考え，気持ちなどを伝え合う。		
まとめ 5分	6 本時の目標をどの程度達成できたか振り返り，次時の予告を聞く。		

□別に示した英文について，50分の授業を想定し，「展開5」の模擬授業をできるところまで，10分以内で行ってください。その際，ICTを効果的に活用する場面を設定すること。

〈英語コミュニケーションⅠ学習指導案〉

単元 "Human Habitation on Mars"

1 実施日 令和5年10月13日(金)

2 指導ホームルーム 1年1組

3 本時の目標

　聞いたり読んだりしたことを基に，情報や考え，気持ちなどを理由や根拠とともに話して伝えることができる。

177

4 展開

	学習活動	指導上の留意点	具体の評価規準
導入 5分	1 本時の学習内容や目標を理解する。		
展開 40分	2 本文の内容に関連する画像を見ながら，オーラル・イントロダクションを聞いて，概要を理解する。		
	3 題材に関して知っていることを，クラス全体で共有する。		
	4 本文を読んで，必要な情報や特定部分の要点を理解する。		
	5 本文の内容について，情報や考え，気持ちなどを伝え合う。		
まとめ 5分	6 本時の目標をどの程度達成できたか振り返り，次時の予告を聞く。		

▼高校家庭

□別に示した教材(資料)について，50分の授業を行います。「展開4」の模擬授業をできるところまで，10分以内で行ってください。その際，要点をホワイトボードに板書しながら説明すること。

家庭総合　学習指導案

単元　住生活のマネジメント

1　実施日　令和5年○○月△△日

2　指導ホームルーム　□年◇組

3　本時の目標

　安全な住まいの必要性と，安全に配慮した住環境について理解するとともに，自分や地域の住環境の充実向上のためにできることについて考察する。

4　展開

	学習活動	指導上の留意点	具体の評価規準
導入 5分	1　本時の学習目標を確認する。		
展開 40分	2　安全に配慮した住環境について学習する。 3　防災・減災について学習する。 4　自分や地域の住環境の課題を考えるとともに，改善や充実向上のためにできることについて考えをまとめる。		
まとめ 5分	6　本時のまとめを聞く。		

▼高校情報

□「さまざまなデータをコンピュータで扱う」について，50分の授業を行います。「展開4」の模擬授業をできるところまで，10分以内で行ってください。その際，生徒が理解しやすくなるように，「音を扱う」について，ホワイトボードに図示(板書)しながら説明すること。

〈情報Ⅰ　学習指導案〉

単元　さまざまなデータをコンピュータで扱う

1　実施日　令和5年○○月△△日

2　指導ホームルーム　□年◇組

3　本時の目標

　情報のデジタル化の基礎的な知識と技術として文字，音，画像のデ

ジタル化の原理と表現方法を理解する。

4　展開

	学習活動	指導上の留意点	具体の評価規準
導入 5分	1　本時のねらいを聞く。		
展開 40分	2　「アナログとデジタル」について学習する。 3　「文字を扱う」について学習する。 4　「音を扱う」について学習する。 5　「画像を扱う」について学習する。		
まとめ 5分	6　本時のまとめを聞く。		

▼高校農業

□作物の生育を支える土について，50分の授業を行います。「展開6」の模擬授業をできるところまで，10分以内で行ってください。その際，生徒が理解しやすくなるように，単粒構造と団粒構造の違いについて，ホワイトボードに図示(板書)しながら説明すること。

〈農業と環境　学習指導案〉

単元　作物の生育を支える土

1　実施日　令和5年○○月△△日

2　指導ホームルーム　□年◇組

3　本時の目標

　作物の生育を支える土について理解するとともに，作物栽培と関連づけ，作物生育の土台となる土づくりの必要性について理解する。

4 展開

	学習活動	指導上の留意点	具体の評価規準
導入 5分	1 本時のねらいを聞く。		
展開 40分	2 土の役割について学習する。		
	3 土の生成と土性について学習する。		
	4 腐植とその役割について学習する。		
	5 土の中の水と空気について学習する。		
	6 単粒構造と団粒構造について学習する。		
まとめ 5分	7 本時のまとめを聞く。		

▼高校工業

□直線運動について，50分の授業を行います。「展開4」の模擬授業をできるところまで，10分以内で行ってください。その際，生徒が理解しやすくなるように，加速度について，ホワイトボードに図示(板書)しながら説明すること。

〈機械設計 学習指導案〉

単元 機械に働く力と仕事

1 実施日 令和5年5月10日(水)

2 指導ホームルーム 2年5組

3 本時の目標

直線運動にはどのような性質があるのか理解する。加速度にはどの

ような性質があるのか理解する。

4　展開

	学習活動	指導上の留意点	具体の評価規準
導入 5分	1　本時のねらいを聞く。		
展開 40分	2　変位と速度について学習する。 3　問18・19を解く。 4　加速度について学習する。 5　例題9を通して速度について学習する。 6　問20・21を解く。		
まとめ 5分	7　本時の学習を振り返る。		

□電磁力について，50分の授業を行います。「展開4」の模擬授業をできるところまで，10分以内で行ってください。その際，生徒が理解しやすくなるように，電磁力について，ホワイトボードに図示(板書)しながら説明すること。

〈電気回路　学習指導案〉

単元　電流と磁気

1　実施日　令和5年7月5日(水)

2　指導ホームルーム　1年5組

3　本時の目標

　電磁力が生じる原理について理解する。フレミングの左手の法則を用いて，電磁力の向きを求めることができる。電磁力について導体に

働く力の計算ができる。

4　展開

	学習活動	指導上の留意点	具体の評価規準
導入 5分	1　本時のねらいを聞く。		
展開 40分	2　電磁力について学習する。		
	3　問1を解く。		
	4　電磁力の大きさと向きについて学習する。		
	5　例題1を通して導体に働く力について学習する。		
	6　問2を解く。		
まとめ 5分	7　本時の学習を振り返る。		

□測量の基礎知識について，50分の授業を行います。「展開2」の模擬授業をできるところまで，10分以内で行ってください。その際，生徒が理解しやすくなるように，測量の基礎知識について，ホワイトボードに図示(板書)しながら説明すること。

〈工業技術基礎　学習指導案〉

単元　測量について学ぼう

1　実施日　令和5年5月15日(月)

2　指導ホームルーム　1年5組

3　本時の目標

　測量の基礎知識について理解する。歩測による距離測量の実習をとおして，方法や内容を理解し，較差や精度の計算ができる。

4 展開

	学習活動	指導上の留意点	具体の評価規準
導入 5分	1 本時のねらいを聞く。		
展開 40分	2 測量の基礎知識について学習する。 3 歩測による距離測量について学習する。 4 測定の準備を行う。 5 歩幅の測定を行う。 6 歩測による距離の測定を行う。 7 較差と精度の計算について学習する。		
まとめ 5分	8 本時の学習を振り返る。		

□情報化社会の権利とモラルについて，50分の授業を行います。「展開5」の模擬授業をできるところまで，10分以内で行ってください。その際，生徒が理解しやすくなるように，プライバシーや他人の権利の保護について，ホワイトボードに図示(板書)しながら説明すること。

〈工業情報数理　学習指導案〉

単元　産業社会と情報技術

1　実施日　令和5年4月24日(月)

2　指導ホームルーム　1年5組

3　本時の目標

　情報化社会で守らなければならない自分と他人の権利やルールについて理解する。知的財産権や使用許諾契約について理解を深める。プ

ライバシーや他人の権利の保護について理解を深める。

4　展開

	学習活動	指導上の留意点	具体の評価規準
導入 5分	1　本時のねらいを聞く。		
展開 40分	2　知的財産権について学習する。 3　著作権や産業財産権について学習する。 4　使用許諾契約について学習する。 5　プライバシーや他人の権利の保護について学習する。		
まとめ 5分	6　本時の学習を振り返る。		

▼高校商業

□損益計算書の作成方法について，50分の授業を行います。「展開3・4」の模擬授業をできるところまで，10分以内で行ってください。その際，生徒が理解しやすいように，ホワイトボードに板書しながら説明すること。また必要であれば，演習問題を使用してもよい。

〈商業科(簿記)学習指導案〉

単元　収益・費用と損益計算書

1　実施日　令和5年○○月△△日

2　指導ホームルーム　□年◇組

3　本時の目標

　損益計算書の特徴を理解するとともに，作成方法の基礎を身に付け

る。

4　展開

	学習活動	指導上の留意点	具体の評価規準
導入 5分	1. 本時のねらいを聞く。		
展開 40分	2　当期純利益の計算方法について学習する。 3　損益計算書の特徴について学習する。 4　損益計算書の作成方法を学習する。 5　損益計算書等式を学習する。 6　当期純損失が出た場合の処理について学習する。		
まとめ 5分	7　本時のまとめを聞く。		

□期末における貸借対照表の作成方法について，50分の授業を行います。「展開3・4」の模擬授業をできるところまで，10分以内で行ってください。その際，生徒が理解しやすいように，ホワイトボードに板書しながら説明すること。また必要であれば，演習問題を使用してもよい。

〈商業科(簿記)学習指導案〉

単元　収益・費用と損益計算書

1　実施日　令和5年〇〇月△△日

2　指導ホームルーム　□年◇組

3　本時の目標

　期末における貸借対照表の特徴を理解するとともに，作成方法の基礎を身に付ける。

4　展開

	学 習 活 動	指導上の留意点	具体の評価規準
導入 5分	1 本時のねらいを聞く。		
展開 40分	2 貸借対照表の作成方法を復習する。（期首） 3 貸借対照表の作成方法を学習する。（期末） 4 期首と期末の貸借対照表の違いについて学習する。 5 期末の貸借対照表で当期純損失が出た場合の処理について学習する。		
まとめ 5分	6 本時のまとめを聞く。		

▼高校福祉

□別に示した教材(資料)について，50分の授業を行います。「展開4」の模擬授業をできるところまで，10分以内で行ってください。その際，要点をホワイトボードに板書しながら説明すること。

〈社会福祉基礎　学習指導案〉

単元　生活を支える社会福祉・社会保障制度　(教材)障害者福祉

1　実施日　令和5年○○月△△日

2　指導ホームルーム　□年◇組

3　本時の目標

　障害者福祉の理念について理解するとともに，障害者の生活に関する課題について考察する。

4 展開

	学習活動	指導上の留意点	具体の評価規準
導入 5分	1 本時の学習目標を確認する。		
展開 40分	2 障害者福祉の理念として,「ノーマライゼーション」と「自立生活運動」の理念やその背景について知る。 3 自分が考える「ノーマル」な暮らしを構成する要素を挙げる。 4 障害者の生活に関する課題について考える。 5 課題解決のために必要と思うことについて自分の考えをまとめる。	・3で挙げた「ノーマル」な暮らしを構成する要素を障害者が享受できているかの視点から考えさせる。	
まとめ 5分	6 本時のまとめを聞く。		

▼特別支援

□視覚支援学校小学部1年生2名(児童A,B)のクラスです。

　生徒A：視力　0

　生徒B：視力　0.1

　算数の学習で,単元「おおきさくらべ　～どちらがながい～」について,45分の授業を行います。「展開3」の発表を受け,共通点となる「キーワード」を引き出す「展開4」について,7分以内でできるところまで授業を行ってください。

　なお,児童A,児童Bの2名は視力が異なること,また,それぞれが考えた長さ比べの方法が,【参考資料】に示すように異なることを考慮して授業を行ってください。

〈算数科　学習指導案〉

単元　おおきさくらべ　～どちらがながい～

1　実施日　令和5年10月2日

2　指導クラス　小学部1年1組

3　本時の目標

　身の回りにあるものの長さに関心をもち，直接比較の方法によって比べることができる。

4　展開

	学習活動	指導上の留意点	具体の評価規準
導入 7分	1　提示された2つの具体物の「長さクイズ」をする。 「どちらが長いでしょう」 ・棒マグネット ・曲がった針金		
展開 28分	2　どのようにしたら，2つの具体物の長さを比べられるか考える。 3　長さ比べをし，その結果と比べた方法をそれぞれ発表し合う。 4　比べ方の共通点を話し合う。 5　他の比べ方があるか話し合う。		
まとめ 10分	6　キーワードを用いて気づいたことをノートにまとめる。		

□次の指導案で自立活動の授業を行います。「導入3～」の模擬授業をできるところまで，7分以内で行ってください。

　その際，児童が活動しやすいような支援について考え実施してください。

　(主な準備物に書かれていない教材教具，支援機器を使用してもか

189

　　まいません)

〈自立活動　学習指導案〉

題材　「積み木積みゲームをしよう」

1　実施日　令和5年6月1日(木)

2　指導学年　特別支援学校(知的障がい)

　　　　　　　小学部　3・4年生　4名

　　　　　　　4名とも知的障がいと発達障がいを有し，簡単な言語を使ってコミュニケーションをとることができる。本題材については，全員意欲的に活動し楽しむことができている。また，本題材における4名の課題は，以下のとおりである。

　　　　　　　A児：自分の意に沿わない事があるとイライラすることがある。

　　　　　　　B児：不安や緊張する場面で発声することが難しくなる。

　　　　　　　C児：勝敗にこだわることが多い。

　　　　　　　D児：教員や友だちに対して配慮に欠ける発言や，乱暴な言葉遣いが見られることがある。

3　本時の目標

　・自分の気持ちをコントロールしながら，活動に積極的に参加することができる。

　・友だちに対して，励ましや共感等の「ふわふわ言葉」を言うことができる。

4 展開

	学習活動	指導上の留意点	具体の評価規準
導入 10分	1 はじまりのあいさつ 2 本時の学習内容を知る 3 目標の確認をする		
展開 20分	4 積み木積みゲームを行う （1）ルールを確認する （2）ゲームの準備を行う （3）ゲームを行う （4）結果発表		
まとめ 5分	5 ふり返り 6 終わりの挨拶		

〈主な準備物〉
・スケジュールボード
・記録ボード
・ふわふわ言葉一覧表
・積み木

□次の指導案で生活単元学習の授業を行います。実際にスーパーに買い物に行く前段階として，教室で買い物学習をしています。次時はスーパーに買い物に行きます。
　「展開3」からの模擬授業をできるところまで，7分以内で行ってください。

　　その際，児童が見通しを持って主体的に活動に取り組めるような
支援や工夫を行ってください。

〈生活単元学習　学習指導案〉

単元　買い物名人になろう

1　実施日　令和5年11月13日

2　指導学級

　　特別支援学校(知的障がい)小学部4年生4名

　　(4名のうち3名は自閉症を併せ有している。)

3　本時の目標

　　・指定された商品を選ぶことができる。

　　・レジでちょうどのお金を支払うことができる。

　　・店員とやりとりをすることができる。

4　展開

	学習活動	指導上の留意点	具体の評価規準
導入 5分	1　始まりのあいさつをする。 2　今日の活動内容を確認する。		
展開 30分	3　動画を見て，買い物の流れを確認する。 4　持っている金額や，買う物を確認する。 5　買い物をする。		
まとめ 5分	6　振り返りをする。 ・動画で学習を振り返る。 ・感想を言う。 ・クラスメイトの良かったところを発表する。 7　次時の予定を確認する。 ・実際にスーパーマーケットに行って買い物をすることを予告する。 8　終わりのあいさつをする。		

□次の指導案で音楽科の授業を行います。「導入2」からの模擬授業を
　できるところまで，7分以内で行ってください。その際，児童が活
　動しやすいような支援について考え実施してください。
(主な準備物に書かれていない教材教具，支援機器を使用してもかまい
ません)
〈音楽科　学習指導案〉
題材名　「みんなでならそう！」
1　実施日　令和5年6月1日(木)
2　指導学級
　　特別支援学校(肢体不自由)
　　小学部　1・2年生　3名
　　全員，移動は車いすを使用し，簡単な言語指示を理解することがで
きるが，言語の表出は見られない。
A児：注視・追視ができ，教員と目を合わせることができる。
B児：何事も積極的に取り組もうとする。活動に対する意欲が筋緊張
　　　に繋がることが多い。
C児：視覚の活用が難しく聴覚が優位である。音楽が流れると，発声
　　　や笑顔が見られる。
3　本時の目標
　　・教員の呼名を受けて，マイクに向かって発声等で返事をすること
　　　ができる
　　・教員と一緒に，もしくは自主的に楽器を鳴らすことができる

4 展開

	学習活動	指導上の留意点	具体の評価規準
導入 5分	1　はじまりのあいさつ 2　本時の学習内容を知る		
展開 30分	3　おへんじ「はい」 （1）呼名を受けて，マイクに向かって発声したり，ビッグマックやステップバイステップを使って，返事をする。 4　楽器を鳴らそう「かえるのうた」 （1）楽器を選択する （2）「クワ　クワ　クワ　クワ」の部分で，楽器を鳴らす		
まとめ 5分	5　本時の振り返り 6　終わりの挨拶		

〈主な準備物〉

・マイク　　　　　　　　　・楽器数種類

・ビッグマック　　　　　　・ステップバイステップ

・スケジュールカード　　　・ピアノ

・イラストカード　　　　　・TV

・iPad

□次の指導案で図画工作の授業を行います。「導入3」からの模擬授業をできるところまで，7分以内で行ってください。その際，児童が見通しを持って主体的に活動に取り組めるような支援や工夫を行ってください。

〈図画工作科　学習指導案〉

題材　クリスマスの飾りをつくろう

1　実施日　令和5年12月6日

2　指導学級

　特別支援学校(肢体不自由)小学部1年生1名　2年生2名　3名とも知的障がいを併せ有している。

A：両上肢機能障がい

B：脳性麻痺，移動機能障がい

C：移動機能障がい

3名とも粘土を用いた活動に対して意欲的に取り組むことができる。

3　本時の目標

・筆やタンポ等でまつぼっくりに色を塗ることができる。

・粘土を3回ちぎることができる。(A)

・粘土を手でたたいて平たく伸ばすことができる。(B)

・粘土を棒状に丸めることができる。(C)

4　展開

	学習活動	指導上の留意点	具体の評価規準
導入 5分	1　始まりのあいさつをする。 2　今日の活動内容を確認する。		
展開 30分	3　クリスマスのスライドを見る。 4　まつぼっくりに色を塗る。 5　粘土を使った活動をする。 ・ちぎる ・丸める ・たたく ・転がす 6　粘土を型抜きしたり，飾りをつけたりする。		
まとめ 5分	7　作品を発表する。 8　終わりのあいさつをする。		

□次の学習指導案で生活単元学習の授業を行います。「展開4」からはじめ，模擬授業をできるところまで，7分以内で行ってください。その際，生徒の理解が深まるように，言葉だけでの指示や説明だけ

でなく，ホワイトボードを用いたり，その他の視覚支援ツールを想定したりして，生徒が見通しをもって取り組めるように工夫しながら実施してください。

〈生活単元学習　学習指導案〉

単元名　「交通安全について考えよう　～安全な自転車の乗り方～」

1　実施日　令和5年4月24日

2　指導学級

特別支援学校(知的障がい)高等部1年6名

(6名のうち2名は自閉症を併せ有する。)

3　本時の目標

(1)　自転車の危険な乗り方とその理由を知り，自分の運転を振り返ることができる。

(2)　安全に自転車に乗るための交通ルールやマナーを知る。

4　展開

	学習活動	指導上の留意点	具体の評価規準
導入	1　始まりの挨拶をする。 2　本時の学習の流れを確認する。 3　自転車運転中に危ないと感じた場面を発表する。		
展開	4　動画や写真を見て，自転車の正しい乗り方や危険な乗り方を判断する。 5　危険な乗り方について，それぞれどんな危険が潜んでいるか，2人組で話し合い，発表する。 6　自転車に乗る時の交通ルールには，どのようなルールがあるかを調べ，ワークシートにまとめる。 7　調べた交通ルールについて，発表をする。		
まとめ	8　本時の学習を振り返る。 9　次時の予定を確認する。 10　終わりの挨拶をする。		

□次の学習指導案で職業科の授業を行います。「導入2」からはじめ，
　模擬授業をできるところまで，7分以内で行ってください。その際，
　生徒が活動しやすいような支援について考え，実施してください。

〈生活単元学習　学習指導案〉

単元名　「地域イベントを成功させよう　～出し物を考えよう～」

1　令和5年11月25日

2　指導学級　特別支援学校(肢体不自由)中学部3年4名

　(3名が脳性麻痺であり，1名が二分脊椎であり4名とも軽度の知的障
がいを有する。)

3　本時の目標

　(1)　友達とともに，地域イベントの出し物を考える。

　(2)　発表した出し物を各自の得意な方法で模造紙にまとめる。

4　展開

	学習活動	指導上の留意点	具体の評価規準
導入	1　始まりの挨拶をする。 2　本時の学習の流れをスケジュールを見て知る。		
展開	3　地域イベントについてICT機器を活用して友達とペアになり調べる。 4　地域イベントの出し物をペアの友達と考え，発表する。 5　友達全員の意見をまとめて，出し物の候補を3つ決め，模造紙に自分たちの得意な方法で書く。		
まとめ	6　本時の学習を振り返る。 7　次時の予定を確認する。 8　終わりの挨拶をする。		

□次の学習指導案で自立活動の授業を行います。「導入4」からはじめ，模擬授業をできるところまで，7分以内で行ってください。その際，生徒が活動しやすいような支援について考え，個々の実態に応じた支援ツール等を活用して実施してください。

〈自立活動　学習指導案〉

単元名　「感覚遊具で身体を動かそう」

1　実施日　令和5年10月10日

2　指導学級

特別支援学校(肢体不自由)中学部1年2名，2年生1名(3名とも脳性麻痺で，中度から重度の知的障がいを有する。うち2名は，車椅子を使用。1名は，短下肢装具を使用し，自力での移動が可能。)

3　本時の目標

(1)　自分の乗りたい感覚遊具の選択ができる。

(2)　揺れやスピード等を感じ，刺激に対する快・不快の気持ちや「もう1回乗りたい」などの意思表示を発声や身体の動き等で表すことができる。

4　展開

	学習活動	指導上の留意点	具体の評価規準
導入	1　始まりの挨拶をする。 2　本時の学習の流れを知る。 3　準備体操をする。		
展開	4　自分の乗りたい感覚遊具を選択する。 ・回転刺激（ローリングシーソー等） ・揺れ刺激（バランスボール，シーツブランコ等） ・加速刺激（すべり台，スクーターボード等） 5　選択した感覚遊具を体験する。 6　エアトランポリンにみんなで乗る。		
まとめ	7　本時の学習を振り返る。 8　次時の予定を確認をする。 9　終わりの挨拶をする。		

▼特別支援(医療的ケア担当)

□あなたは特別支援学校の医療的ケア担当の教諭です。高等部2年生2名の生徒は，給食後に服薬をしています。食後，医療的ケア担当が服用させる際，2名の生徒の定期薬を取り違え，服薬させてしまいました。あなたは医療的ケア担当として，どのように対応しますか。

▼養護教諭

□あなたは小学校の養護教諭です。小学5年生の男子児童が，昼休みに鉄棒をしていた時，手が滑って落下し，顔面を地面に打ち付けました。その際，前歯が一本抜け落ちました。一緒にいた児童が保健室に，あなたを呼びに来ました。この後，養護教諭として，どのように対応しますか。

□あなたは中学校の養護教諭です。中学2年の女子生徒が保健室に来室した際，「最近，登校前から調子が悪くなる。頭も痛くて体もだるい」と話してきました。この後，養護教諭として，どのように対応しますか。

□あなたは中学校の養護教諭です。5月末に体育祭が控えています。そこで，校長先生から体育祭にむけて，熱中症の予防について，全校集会で話してほしいと言われました。養護教諭としてどんな話をしますか。

□あなたは高校の養護教諭をしています。高校2年生の女子生徒が腹痛を訴えて来室しました。昨夜から軽い吐き気や腹痛を感じていましたが，痛みが強くなっているようです。養護教諭としてどのように対応しますか。

□あなたは高校の養護教諭をしています。高校3年生の男子生徒から「受験勉強に集中したいが，自宅に帰るとオンラインゲームをして

しまう。やめようと思ってもやめられず，先日はゲームが原因で家族と大げんかになった。どうしたらよいか」と相談がありました。養護教諭としてどのように対応しますか。

▼栄養教諭

□小学6年家庭科の授業に，TTとして参加しています。担任から「主食，主菜，副菜などを組み合わせた1食分の献立作成の方法」について説明してほしいと頼まれました。栄養教諭として，どのように説明をしますか。私たちを児童と思って，実際に説明してください。

◆個人面接(2次審査)

※模擬授業に引き続き個人面接を行う(場面指導を含む)。

〈実施方法〉

○小・中学校，養護教諭，栄養教諭

①　確認事項と自己推薦書についての確認(2分程度：進行)

②　教育観，教育的識見等についての質問(5分程度：民間人・教育委員)

③　場面設定をしての質問(場面説明1分，質問5分〜6分程度：副主任)

④　総合的な質問(教育観，教育的識見，市願書等から)(5分程度：主任)

○高等学校教諭，特別支援学校教諭

①　模擬授業，教科指導について質問をする。(指導主事)

②　志願書・自己推薦書等について確認や質問をする。(副主任)

③　人間性・社会性等について質問をする。(民間面接官・教育委員等)

④　場面設定のなかで質問をする。(管理主事)

⑤　教育観等について質問をする。(主任)

※面接においては，より広く深く人物を見るように，再問もする。

〈評価のポイント〉

項　目	内　　容	観　　点
素　養 （成長力）	■ 使命感・情熱・たくましさ ■ 倫理観 ■ 人権尊重の精神 ■ 識見・学び続ける力 ■ 社会性・コミュニケーション力	□ 表情が穏やかで落ち着きがあり，礼儀正しいか。 □ 社会性があり，コミュニケーション能力が備わっているか。 □ 教師としての情熱が感じられるか。 □ 社会常識や人権感覚が備わっているか。 □ 積極的に参加しようとする意欲が感じられるか。 □ 相手にわかりやすく自分の考えを伝えることができているか。 ☆ 教員としての使命感と情熱を感じられるか。 ☆ 教職への意欲と責任感をもって職務を遂行できる意欲をもっているか。
担任力 （対応力）	■ 児童生徒理解・指導力 ■ 集団づくり力 ■ 課題解決力 ■ 未来ビジョン育成力 ■ 特別な配慮を要する児童生徒への理解・支援力	□ 児童生徒理解の意義を理解しているか。 □ 生徒指導や教育相談等の基本的な方法が身についているか。 □ 学級経営の基本的な指導方法を理解しているか。 □ 学級内で起こりうる課題の解決に積極的に取り組もうとしているか。 □ 特別な配慮を要する児童生徒への支援の視点を持っているか。 ☆ 積極的に児童・生徒・保護者と関わり，望ましい人間関係を形成できる姿勢が感じられるか。 ☆ 児童・生徒の変容に気づき，迅速かつ適切に対応できる柔軟性を感じられるか。
協働力	■ 組織マネジメント力 ■ 危機管理力 ■ 家庭・地域とのネットワーク構築力	□ 組織の一員として，自分の役割を理解し，協働して責任を果たそうとしているか。 □ 周囲と協力しあうことができ，円滑な人間関係を築いていけるか。 □ ものの見方，考え方に独断的なところはないか。 □ 知識や発想が豊かで，建設的な意見が述べられているか。 □ 危機管理の重要性を理解しているか。 □ 家庭や地域との連携の重要性を理解しているか。 ☆ 学校組織の一員として，自らの役割を理解できているか。 ☆ 建設的な意見を出し，教職員・保護者・地域と積極的に連携，協働できる姿勢が感じられるか。

▼中学国語　面接官5人　30分

□飲酒運転や盗撮をしたことがあるか。

□飲酒運転や盗撮などの不祥事を防ぐためには何が大切であると考え

るか。

□なぜ徳島県を志望したのか。

□なぜ中学校なのか。

□外部人材の活用についてどう思うか。

□教員として何を大切にしていきたいと考えているか。

□どのような学級経営を行いたいと考えているか。

□4月，担任として初めて生徒に話すとすればどのようなことを伝えるか。

□道徳教育についてどのような考えを持っているか。

□国語の教員を目指しているが，理系科目の教育についてどのように考えるか。

□保護者とどのように関わるか。

□学校内ではどのような関係性を築くのか。

□積極的に周りの先生に質問すると言ったが，忙しくて声を掛けられそうにない場合はどうするか。

・場面指導があるため，様々な課題について教師がとるべき対応を勉強しておくとよい。

・追質問でも，「～の場合どうするか」のように困難な状況を示してくるため，複数の対応を想定したり，大切にしている軸を持ったりしておくことが大切。

・理数教育についてなど，専門分野以外のことも聞かれたため，自分の専門教科との関連を用意しておくとよい。

【場面指導課題】

□SNSでのトラブルが原因で不登校になってしまったAさんのもとへ家庭訪問を行い，Aさんに会うことができた場合どのような言葉がけを行うか。

　→Aさんが学校に来ることができた場合，どのような配慮を行うか。

　→Aさんが所属するクラス全体への対応としては，どのようなことを行うか。

【模擬授業に関する質問内容】

□模擬授業で行った部分までの流れはどのように考えていたか。
□模擬授業で行った部分の後はそのあとどのような流れを想定していたか。
□どうしてこの補助質問をしたのか。
□どうして表現する季節を自由に選ばせたのか。
□表現活動における観点にはどのような意図があるのか。
□あなたが設定した表現活動を行った場合，どのような生徒がC評価に該当するか。

▼高校国語　面接官5人　15分
□併願の有無。
□信用失墜行為の有無。
□なぜ高校の先生になりたいか。
□国語の授業で育成したい生徒の力。
□語彙力を高めるために何をしているか。
□クラス経営で何を大切にしたいか。
□不慣れな仕事や顧問の仕事にどう対応するか。
□対外試合で気をつけたいこと。
□仕事で悩むことがあったらどうするか。
・笑顔でうなずいてくれる面接官ばかりで，とても雰囲気がよかった。
・面接官が面接をする順番はランダム。
・教職教養系の質問は無かった。
【場面指導課題】
□右耳が聞こえないAくんが授業中の話し合い活動をやめてほしいと言ったらどうするか。
　→なぜ聞き入れてくれないのかと保護者から連絡がきたらどうするか。
　→Aさんへその後どう対応するか。
　→多様な生徒にどう対応していきたいか。

2023年度

令和5年度の主な変更点

○審査内容の変更

・小学校第2次審査(実技)の試験内容を，英語(必須)，音楽と体育(いずれか一方を選択)から英語(必須)のみに変更する。

・第2次審査で実施していた集団面接を廃止。代わりに，個人面接の設定時間を拡大する。

◆実技(1次審査)

▼中高保体

【必修課題1】

□ハードル走

※男女とも1回だけ練習を行い，その後1回の本番を行う。

※スタンディングスタートで行い，できるだけ速く約2台のハードルをとび越しゴールするよう指示がある。

※ハードルの高さは，84cm or 70cmで，2台のハードルが用意されている。

※審査内容は，下記の5点である。

(1) スタートからハードルまでのスピード

(2) インターバルまでのスピード

(3) 第2ハードルからゴールまでのスピード

(4) インターバルの脚の運び方

(5) ハードリング

【必修課題2】

□球技：バレーボール

オーバーハンドパスでの直上パスを1人で連続10回，アンダーハンドパスでの直上パスを1人で連続10回を行う。

※途中で失敗しても回数は加算される。

※高さは1m以上とする。

※審査内容は，下記3点である。

(1)　オーバーハンドパスのフォーム

(2)　アンダーハンドパスのフォーム

(3)　パスの高さと回数

【必修課題3】

□ダンス

中学校：「蜘蛛の糸」をテーマとして，そのイメージを表現する。

高校　：「声にならない叫び」をテーマとして，そのイメージを表現する。

※待機場所から出て，課題を知る。

※テーマを確認し，表したいイメージについて審査員に告げたのち，1分以内で表現する。

【選択課題】

※柔道・剣道のうち，いずれか1種目を選択する。

□柔道

(1)　自然本体に構え，後ろ受け身1回

(2)　自然本体から，左右に1回ずつ受け身

(3)　自然本体に構え，3歩歩行で右前回り受け身をし，自然体で立つ(1回)

(4)　同進行方向へ，3歩歩行で左前回り受け身をし，自然体で立つ(1回)

(5)　180度方向転換し，適当に助走を加え(3)，(4)より大きな動作で1回前回り受け身をして自然体で立つ

※審査内容は，下記の4点である。

(1)　要領の理解度(手のつき方，倒れる方向，倒れ方)

(2)　全体としての身のこなし

(3)　高く遠く(前回り受け身)

(4)　左右同じようにできるか

□剣道

(1)　向かいに相手を立てずに，9歩の間隔で礼をして，竹刀を腰に

つけて右足より3歩進み「蹲踞」の姿勢をとる。

(2)　立ち上がり，中段で構える。

(3)　打突前の発声はせずに，正確に面打ちの動作を行い，そのまままっすぐにすり足で進む(打突時は発声し，2回連続して行う)。同じ要領で小手打ち，胴打ちも行う。

(4)　3種類の基本打ちが終了したら，「蹲踞」の姿勢をとり，納刀して，竹刀を腰につけて5歩下がり礼をする。

※審査内容は，下記の4点である。

(1)　礼法

(2)　発声

(3)　打突

(4)　残心

〈審査会場図〉

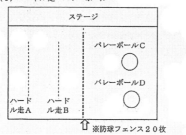

（1）ハードル走・バレーボール

ステージ

バレーボールC

バレーボールD

ハードル走A　ハードル走B

⇧※防球フェンス20枚

（2）ダンス

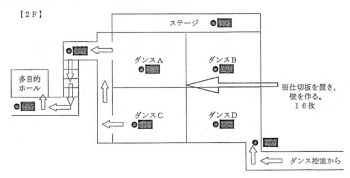

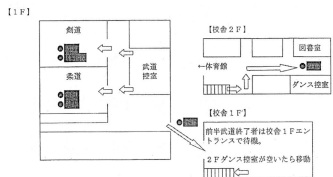

〈服装・準備物〉

　白ポロシャツ，紺系統のジャージ，体育館シューズ

▼中高音楽

【課題1】

□自由曲演奏

　歌・楽器を自由に演奏する。

※演奏時間は2分を基本とする(2分をこえる場合は審査員の合図で演奏
　を中止する)。

※採点基準は，下記の通りである。

○共通

(1) 作曲者(楽譜)に忠実

・音の正確さ，明確さ　・拍子とリズムの正確さ　・テンポの選び方　・フレージング　・強弱　・ディナーミクの変化　・アーティキュレーションの明確さ

(2) 情感の表現力

(3) 音色の美しさ，響かせ方

(4) 曲の構成力

(5) 全体的完成度

(6) 審査における集中力

(7) ステージマナー

(8) 選曲(ソナチネとソナタ)と楽器(弦楽器と打楽器)等の難易度

○ピアノ

(1) メロディーと伴奏のバランス

(2) ペダリング

(3) 指のテクニック等

○声楽

(1) 言葉(発音)の正確さ，伝え方

(2) 発声の仕方等

○管弦打楽器

(1) タンギングの美しさ

(2) 呼吸法等

【課題2】

□弾き歌い

選択曲「花」「浜辺の歌」「赤とんぼ」「夏の思い出」の中から，1曲選び，ピアノで伴奏しながら歌う。

※採点基準は，下記の通りである。

(1) どの選択曲も同等に扱う

(2) 総合的な評価

・音符を正確に演奏している　・音質(サウンド)について　・リズムについて　・アーティキュレーションについて　・フレージ

　　ング，和声，調性について　・強弱，テンポ，表情記号について
【課題3】
□アルト・リコーダー初見演奏
　当日指定された楽曲(旋律のみ)を1分間譜読みした後，アルトリコー
ダーで演奏する。
※採点基準は次のとおりである。
　(1)　息づかい(呼吸法)
　　　・音質(サウンド)について　・音の美しさと響き
　(2)　指づかい(フィンガリング)
　　　・特に派生音の指づかい。ロの指づかい，サミング等
　(3)　舌づかい
　　　・アーティキュレーションについて　・タンギングの美しさ
　(4)　曲の演奏
　　　・リズムについて　・フレージング，和声，調性について　・強
　　　弱，テンポ，表情について　・スラー，テヌート，スタッカート，
　　　アクセントの演奏について
〈注意事項〉
※会場内での音出し(発声練習も含む)は禁止する。
※弾き歌いについては，前奏ありで1番のみを演奏する。また教科書
　通りの調とする。
〈審査会場図〉

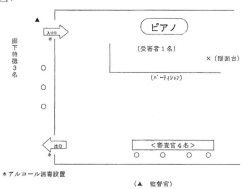

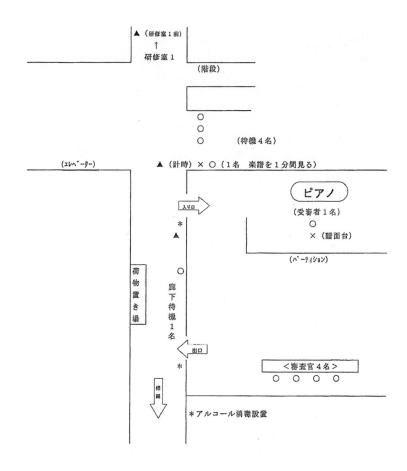

▼中高美術　60分

【課題】

□両手とロープを構成して描きなさい。その際，次の〈条件〉ア～ウ
　を満たすものとする。

〔条件〕

ア　授業での参考作品となるように描くこと。

イ　着彩は，水を溶剤として描画材を用いること。

ウ　用紙の向きは縦横自由とする。

〈留意事項〉

(1)　作品裏面の右下に受審番号を書くこと。

(2)　下の枠に，作品のタイトルと表現の意図を書くこと

作品のタイトル

参考作品としての表現意図

〈準備物〉

　画用鉛筆，ポスターカラー・水彩絵の具等の水溶性の描画用具 (筆洗を含む)，はさみ，カッターナイフ，定規(30cm程度)

▼高校書道

【課題1】※課題1～2で60分

□次の枠内のことばを，漢字仮名交じり作品として，条件に従い，半切り二分の一に書きなさい。

須らく原碑を捨て真跡に就いて研究せよ

井原雲涯編『鳴鶴先生叢話』「貫名菘翁の名言」より

〈条件〉

・用紙は縦・横自由に使ってよい。

・毛筆を使い，書体や書風は自由に考えて書くこと。

・文字の大きさや配列，縦書き・横書きは自由とする。

・漢字と仮名の変換はしないこと。

・変体仮名は使わないこと。

・出典は作品に書かないこと。

【課題2】※課題1～2で60分

□次の古典を，半紙に臨書しなさい(半紙は縦に使うこと)。

醗神護換

「書譜」部分

【課題3】 ※課題3〜5で100分

□次の枠内の句を，行書及び草書を使って，半切り三分の一に体裁よ
く書きなさい(用紙は縦に使うこと)。

秋雨沈綿緑影寒

【課題4】 ※課題3〜5で100分

□次の和歌を，仮名作品として，半紙に散らし書きで書きなさい(漢字
　と仮名の変換及び書風は自由。変体仮名を適宜使い，半紙は縦に使
　うこと)。

これやこの名に負ふ鳴門の渦潮に玉藻刈るとふ海人娘子ども

【課題5】 ※課題3〜5で100分

□次の古筆を，半紙二分の一に，体裁よく臨書しなさい(紙は縦に使う
　こと)。

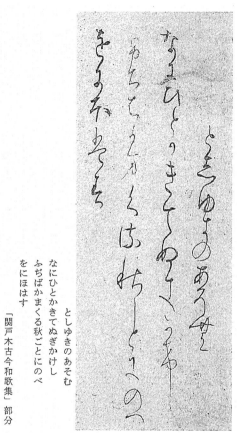

としゆきのあそむ
なにひとかきてぬぎかけし
ふぢばかまくる秋ごとにのべ
をにほはす

「関戸本古今和歌集」部分

〈留意事項〉

・提出作品は，配布された用紙で提出すること。

・受審番号を，鉛筆で提出作品の裏面に左下に書くこと。

・落款は，「南水書」「南水かく」「南水臨」のいずれかを署名し，落

款印の個所にフェルトペンで□を書くこと。

◆実技(2次審査)
　▼小学校英語
【課題】
□夏休み明けの授業で，夏休みの思い出について紹介する。
・話をする相手は，小学校6年生とする。
・紹介する時間は1分程度とする。
・紹介後に内容に関する質問に答える(1～2問，40～50秒)。
【質問内容(英語)】
□あなたはこれまでにカナダに行ったことはありますか。
□あなたが行ってみたい国はどこですか。
□あなたは夏が好きですか。
　　→なぜですか。
※50秒経過時に1回ベルが鳴る。60秒を過ぎるとベルが2回なり，スピーチは途中でも終了となる。
〈評価基準〉

		0	1	2
スピーチ	時間	40秒以下	40～49秒 1分を超える場合	50秒～1分
	態度	動作・表情・声の大きさ・速さ・相手の目を見てなどが適切でない。	動作・表情・声の大きさ・速さ・相手の目を見てなどが適切である。	左の項目に加え，児童によく分かるように，動作や表情などを工夫している。
	内容	6年生に分かる表現でない。興味をひく内容 (どちらもなし)	6年生に分かる表現で興味をひく内容 (一つできている)	6年生に分かる表現で興味をひく内容 (二つともできている)

◆模擬授業 (2次審査)

〈面接時間〉

○小・中学校，養護教諭，栄養教諭

　8分(説明他2分，授業準備1分，模擬授業5分，指導主事6分(内　受験者の「力を入れたところ，工夫したポイント」説明1分を含む))

〈審査会場参考図〉

○小・中学校，養護教諭，栄養教諭

○高等学校，特別支援学校

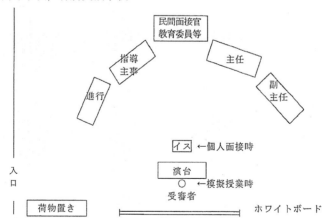

〈実施方法〉

○小・中学校，養護教諭，栄養教諭

　(1)　面接準備室で課題(午前，午後で異なる)及び教科書資料が提示

される。

(2) 指定された場面の授業構想を練る。(小学校…算数，中学校…各教科)

※養護教諭，栄養教諭は模擬授業はないが，場面設定として「こういう場面ではどのように判断，行動するか」という質問を指導主事が行う。面接準備室では，本を読んだり，ノートにまとめたりして面接に備える。

(3) 感染防止のために担当者の指示で手袋を着用する。担当者の誘導で審査室前に移動し，面接官の指示で入室する。

(4) 入室後，受審番号および氏名を自己紹介する。

(5) 面接官から説明を聞いた後，1分間の授業準備を経て，模擬授業を5分間行う。

① 面接会場にて授業準備を行う。(1分)

② 面接官を児童生徒とみなして模擬授業を行う。(5分)

③ 面接官に質問はしない(面接官は，問いかけに応答しない)。

④ 必ず黒板を使用する。

⑤ 必ず指定された部分の学習活動を行う。

※控室及び面接準備室で，授業の本質とは関係のない動作等を省略し，授業の中身に時間をかけるよう注意している。机間指導は行わない。

⑥ 受審者の「以上で模擬授業を終わります。」または，進行係の指示で模擬授業を終了する。

⑦ 模擬授業を振り返って，分かりやすい授業にするために，力を入れたところや工夫したポイントを説明する。(1分)

⑧ 模擬授業について質問。

○高等学校，特別支援学校

(1) 事前研究室で模擬授業の指導案等の問題を受け取り模擬授業について考える(25分)。

(2) 審査室に移動し，模擬授業を高等学校は10分，特別支援学校は7分程度で行う。

① 面接官を児童生徒と見なして行うが，面接官は応答しない。

② 板書はホワイトボードを使用する。

〈評価のポイント〉

項　目	内　容	観　点
授業実践力	■基本的な指導技術を身に付け，児童生徒の学習の様子を把握しながら授業を実践しようとしている。	□堂々として落ち着いているか。 □児童生徒に向き合う熱意や意欲が感じられるか。 □明朗で笑顔があるか。表情に変化があるか。 □適度な声量，はっきりとした話し方であるか。
授業構想力	■児童生徒の活動の姿や思考の流れを想定し，教材やICT等の活用場面等を分析しながら，学習指導案を書いている。	□児童生徒の興味関心を高め，考えを引き出し，主体的な学びを構成しようする工夫が見られるか。 □要点やポイントを押さえたわかりやすい説明，板書ができているか。 □ICT等の活用を取り入れた授業を構想しているか。
カリキュラム・マネジメント力	■学習指導要領の「目標」「内容」や系統等を理解している。	□学習指導要領の「目標」「内容」に沿った，適切な教材理解と授業構成ができているか。
授業省察力・改善力	■授業を分析して改善する手立てを理解し，実践しようとしている。	□自分の授業を振り返って適切に自己評価し，改善点を見つけて今後に生かそうとしているか。

【模擬授業テーマ】

※模擬授業終了後，「児童にとってわかりやすい授業にするために，力を入れたことや工夫したポイント」を1分程度で説明すること(模擬授業の5分間には含みません)。

※模擬授業の中で，効果的に板書を取り入れること。

※指導案や別紙のメモは採点の対象にはなりません。自由に使ってください。

※すべてのテーマに教科書等の資料が添付されていますが，本書では省略しています。

▼小学校

□小学校2年算数

　　次の題材について45分の授業を想定して,「学習活動」の3番についての模擬授業をできるところまで,5分程度で行ってください。

〈題材〉たし算のきまり(教科書　p30〜p31)

〈本時の目標〉加法における交換法則を理解することができる。

〈学習の展開〉

	学　習　活　動	指導上の留意点：教師の支援
導入	1　本時のめあてをつかむ。	
展開	2　教科書p30の**1**の▷2▷について考える。 3　自分の考えを発表し,友達と話し合う。	
まとめ	4　本時のまとめをする。	

□小学校2年算数

　次の題材について45分の授業を想定して，「学習活動」の3番につい
ての模擬授業をできるところまで，5分程度で行ってください。

〈題材〉長方形と正方形(教科書　p123)

〈本時の目標〉「正方形」の用語とその定義を理解することができる。

〈学習の展開〉

	学　習　活　動	指導上の留意点：教師の支援
導入	1　本時のめあてをつかむ。	
展開	2　長方形の紙を折って切り，正方形をつくり，その特徴について調べる。 3　できた正方形の特徴について気づいたことを発表し合い，特徴をまとめる。	
まとめ	4　本時のまとめをする。	

□小学校3年算数

　次の題材について45分の授業を想定して,「学習活動」の3番について の模擬授業をできるところまで,5分程度で行ってください。
〈題材〉時こくや時間のもとめ方を考えよう(教科書　p71〜p72)
〈本時の目標〉時刻のもとめ方を理解することができる。
〈学習の展開〉

	学 習 活 動	指 導 上 の 留 意 点 : 教 師 の 支 援
導入	1　本時のめあてをつかむ。	
展開	2　ｐ７１の▷の問いについて考える。 3　もとめ方について考えを発表し合い,よいところについて話し合う。 4　▷の説明を考える。	
まとめ	5　本時のまとめをする。	

□小学校3年算数

　次の題材について45分の授業を想定して，「学習活動」の3番について の模擬授業をできるところまで，5分程度で行ってください。

〈題材〉式の表し方を考えよう(教科書　p205～p206)

〈本時の目標〉○□を使って，式に表し，計算することができる。

〈学習の展開〉

	学 習 活 動	指 導 上 の 留 意 点 : 教 師 の 支 援
導入	1　本時のめあてをつかむ。	
展開	2　p205の**1**とp206の▷1◁と▷2◁ の問いについてそれぞれ考える。 3　p206の▷3◁の問いについて説明を 発表し合い，話し合う。 4　p206の▷4◁の問いについて考え る。	
まとめ	5　本時のまとめをする。	

□小学校4年算数

　次の題材について45分の授業を想定して,「学習活動」の3番についての模擬授業をできるところまで,5分程度で行ってください。

〈題材〉大きな数(教科書　p61)

〈本時の目標〉1000億の位までの数の構成や読み方, 表し方を理解し, 説明することができる。

〈学習の展開〉

	学　習　活　動	指導上の留意点：教師の支援
導入	1　問題場面から, 本時のめあてをつかむ。	
展開	2　1億の10倍, 100倍, 1000倍の数について考える。 3　それぞれの考えを発表し合い, 気づいたことをもとに, 1000億の位までの数について理解する。	
まとめ	4　本時の学習のまとめをする。	

□小学校4年算数

　次の題材について45分の授業を想定して，「学習活動」の3番につい
ての模擬授業をできるところまで，5分程度で行ってください。

〈教材〉台形と平行四辺形(教科書　p100)

〈本時の目標〉平行四辺形の向かい合う辺の長さや角の大きさについ
　　　　　　　て調べ，その特徴について理解することができる。

〈学習の展開〉

	学　習　活　動	指導上の留意点：教師の支援
導入	1　問題場面から，本時のめあてをつかむ。	
展開	2　コンパスや分度器を使って，辺の長さや角の大きさを調べ，平行四辺形の特徴について考える。 3　それぞれの考えを発表し合い，気づいたことをもとに，平行四辺形の特徴を理解する。	
まとめ	4　本時の学習のまとめをする。	

□小学校4年算数

　次の題材について45分の授業を想定して，「学習活動」の3番についての模擬授業をできるところまで，5分程度で行ってください。

〈教材〉変わり方(教科書　p149)

〈本時の目標〉2つの数量の関係の表からきまりを見つけ，式に表すことができる。

〈学習の展開〉

	学　習　活　動	指導上の留意点：教師の支援
導入	1　問題場面から，本時のめあてをつかむ。	
展開	2　表をつくり，変わり方のきまりについて考える。 3　正三角形を〇こ，周りの長さを△cmとして，〇と△の関係を表す式を考え，話し合う。 4　話し合って気づいたことをもとに，▷3▷4▷を解く。	
まとめ	5　本時の学習のまとめをする。	

□小学校4年算数

　次の題材について45分の授業を想定して，「学習活動」の3番について
の模擬授業をできるところまで，5分程度で行ってください。

〈教材〉倍とかけ算，わり算(教科書　p157)

〈本時の目標〉ある数がもとにする量の何倍になるかを表す式を理解
　　　　　　　し，説明することができる。

〈学習の展開〉

	学　習　活　動	指導上の留意点：教師の支援
導入	1　問題場面から，本時のめあてをつかむ。	
展開	2　青のテープの長さは赤のテープの長さの何倍か求める式を考える。 3　それぞれの考えを発表し合い，気づいたことをもとに，何倍かを求める計算について理解する。	
まとめ	4　本時の学習のまとめをする。	

□小学校5年算数

　次の題材について45分の授業を想定して,「学習活動」の3番についての模擬授業をできるところまで,5分程度で行ってください。

〈教材〉多角形の角の大きさの和の求め方を考えよう(教科書　p24)

〈本時の目標〉多角形の角の大きさの和の求め方を考え,説明することができる。

〈学習の展開〉

	学　習　活　動	指導上の留意点：教師の支援
導入	1　本時のめあてをつかむ。	
展開	2　<u>1</u>▷の問いについて調べ,多角形について確認する。 3　五角形の角の大きさの和を求める方法について考えをまとめ,発表し合う。	
まとめ	4　本時のまとめをする。	

□小学校5年算数

　次の題材について45分の授業を想定して，「学習活動」の3番につい
ての模擬授業をできるところまで，5分程度で行ってください。

〈題材〉ひし形の面積(教科書　p58〜p59)

〈本時の目標〉ひし形の面積を求めるために必要な長さをまとめ，公
　　　　　　　式をつくることができる。

〈学習の展開〉

	学　習　活　動	指導上の留意点・教師の支援
導入	1　本時のめあてをつかむ。	
展開	2　ｐ５８の**1**について考える。 3　考えを発表し合い，それぞれのよさや気づいたことを話し合い，公式を考える。	
まとめ	4　本時のまとめをする。	

□小学校5年算数

　次の題材について45分の授業を想定して，「学習活動」の3番につい
ての模擬授業をできるところまで，5分程度で行ってください。

〈題材〉分数のたし算(教科書　p13)

〈本時の目標〉帯分数のたし算のしかたを考え，計算することができ
　　　　　　　る。

〈学習の展開〉

	学　習　活　動	指導上の留意点・教師の支援
導入	1　本時のめあてをつかむ。	
展開	2　p13の**2**について考える。 3　考えを発表し合い，それぞれのよさや気づいたことを話し合う。	
まとめ	4　本時のまとめをする。	

□小学校6年算数

　次の題材について45分の授業を想定して，「学習活動」の3番について
の模擬授業をできるところまで，5分程度で行ってください。

〈題材〉分数のわり算(教科書　p67)

〈本時の目〉整数，小数の乗法，除法のまじった計算の仕方を考え，
　　　　　　説明することができる。

〈学習の展開〉

	学　習　活　動	指導上の留意点：教師の支援
導入	1　本時のめあてをつかむ。	
展開	2　計算のしかたを考える。 3　それぞれの考えを発表し合い，気づいたことをもとに，計算のしかたを理解し，説明する。 4　教科書p67の／9＼の問題について考える。	
まとめ	5　本時のまとめをする。	

□小学校6年算数

　次の題材について45分の授業を想定して，「学習活動」の3番についての模擬授業をできるところまで，5分程度で行ってください。

〈題材〉比(教科書　p119)

〈本時の目標〉比の性質を使って，未知の数量の求め方を考え，説明することができる。

〈学習の展開〉

	学　習　活　動	指導上の留意点：教師の支援
導入	1　本時のめあてをつかむ。	
展開	2　計算のしかたを考える。 3　それぞれの考えを発表し合い，比の性質を使った計算のしかたを理解し，説明する。 4　教科書p１１９の△1の問題について考える。	
まとめ	5　本時のまとめをする。	

□小学校6年算数

　次の題材について45分の授業を想定して，「学習活動」の3番につい
ての模擬授業をできるところまで，5分程度で行ってください。

〈題材〉分数と整数のかけ算，わり算(教科書　p29)

〈本時の目標〉分数÷整数で，分子をわりきることができる場合の除
　　　　　　　法の計算のしかたを理解する。

〈学習の展開〉

	学　習　活　動	指 導 上 の 留 意 点 : 教 師 の 支 援
導入	1　本時のめあてをつかむ。	
展開	2　計算のしかたを考える。 3　それぞれの考えを発表し合い，気づいたことをもとに，計算のしかたを理解し，説明する。 4　教科書p29の 5 の問題について考える。	
まとめ	5　本時のまとめをする。	

▼中学国語

□中学校1年国語

　次の題材について50分の授業を想定して，「学習活動」の3番につい
ての模擬授業をできるところまで，5分程度で行ってください。

〈題材〉意味と意図―コミュニケーションを考える(教科書　P184～
　　　　P189)

〈本時の目標〉筆者の主張を理解し，言葉によるコミュニケーション
　　　　　　　について，自分の考えをもつことができる。

〈学習の展開〉

	学　習　活　動	指導上の留意点・教師の支援
導入	1　本時の目標を確認し，学習の見通しをもつ。	
展開	2　筆者が，言葉によるコミュニケーションについて，「実に危ういものでもあるのです。」と述べている理由について考える。 3　筆者の主張をもとに，経験と結びつけて自分の考えをまとめ，話し合う。	
まとめ	4　本時の振り返りをする。	

□中学校2年国語

　次の題材について50分の授業を想定して，「学習活動」の3番につい
ての模擬授業をできるところまで，5分程度で行ってください。

〈題材〉黄金の扇風機(教科書　P90〜P93)

〈本時の目標〉筆者の主張を理解し，「美しさ」について，自分の考え
　　　　　　　を広げたり深めたりすることができる。

〈学習の展開〉

	学　習　活　動	指導上の留意点・教師の支援
導入	1　本時の目標を確認し，学習の見通しをもつ。	
展開	2　筆者が，「美しさ」をどのように捉えているかについて考える。 3　筆者の主張について，自分の知識や経験と結びつけて，自分の考えをまとめ，話し合う。	
まとめ	4　本時の振り返りをする。	

□中学校3年国語

　次の題材について50分の授業を想定して，「学習活動」の3番についての模擬授業をできるところまで，5分程度で行ってください。

〈題材〉メディア・リテラシーはなぜ必要か？(教科書　P60〜P63)

〈本時の目標〉筆者の主張を理解し，「情報の時代」に大切なことについて，自分の考えを広げたり深めたりすることができる。

〈学習の展開〉

	学　習　活　動	指導上の留意点・教師の支援
導入	1　本時の目標を確認し，学習の見通しをもつ。	
展開	2　筆者は，メディアとの関わり方について，どのように述べているかを考える。 3　筆者の考えをもとにして，「情報の時代」に大切なことについて，自分の考えをもち，伝え合う。	
まとめ	4　本時の振り返りをする。	

□中学校3年国語

　次の題材について50分の授業を想定して，「学習活動」の3番につい
ての模擬授業をできるところまで，5分程度で行ってください。

〈題材〉AIは哲学できるか(教科書　P76〜P78)

〈本時の目標〉筆者の主張を理解し，人間と人工知能の関わりについ
　　　　　　　て，自分の考えを広げたり深めたりすることができる。

〈学習の展開〉

	学　習　活　動	指導上の留意点・教師の支援
導入	1　本時の目標を確認し，学習の見通しをもつ。	
展開	2　筆者が，「そういうことは当分は起きないと私は予想する。」と述べている理由について考える。 3　「哲学に新次元を開くことになる」という筆者の考えについて，自分の考えをもち，伝え合う。	
まとめ	4　本時の振り返りをする。	

▼中学社会

□中学校1年社会

　次の題材について50分の授業を想定して,「学習活動」の3番についての模擬授業をできるところまで,5分程度で行ってください。

〈題材〉急速に成長する南アジア(アジア州)(教科書　P66〜P67)

〈本時の目標〉南アジアのインドの経済成長の様子と成長の要因,今後の課題について考察し,表現することができる。

〈学習の展開〉

	学　習　活　動	指導上の留意点・教師の支援
導入	1　本時の目標を確認する。	
展開	2　南アジアのインドにおける経済発展の状況や課題について理解する。 3　ＩＣＴ産業が発展した要因について話し合う。	
まとめ	4　本時を振り返る。	

□中学校1年社会

　次の題材について50分の授業を想定して，「学習活動」の3番についての模擬授業をできるところまで，5分程度で行ってください。

〈題材〉氷河時代の終わりと縄文文化の誕生(教科書　P28～P29)

〈本時の目標〉地球環境の変化による人々の生活への影響について理
　　　　　　　解することができる。

〈学習の展開〉

	学　習　活　動	指導上の留意点・教師の支援
導入	1　本時の目標を確認する。	
展開	2　氷河時代の人々の生活について理解する。 3　温暖化による環境の変化と縄文文化の形成と人々の暮らしについて理解する。	
まとめ	4　本時を振り返る。	

□中学校2年社会

　次の題材について50分の授業を想定して,「学習活動」の4番についての模擬授業をできるところまで,5分程度で行ってください。

〈題材〉産業・流通の発達と都市・農村の変化(教科書　P92〜P93)

〈本時の目標〉農業などの諸産業や流通の発達について理解することをとおして,都市の成長や農村の自治に至る背景を考えることができる。

〈学習の展開〉

	学　習　活　動	指導上の留意点・教師の支援
導入	1　本時の目標を確認する。	
展開	2　農業などの諸産業や流通の発達について理解する。 3　都市の成長と農村の自治について理解する。 4　商人や農民が自分たちで都市や村を運営できた理由について考える。	
まとめ	5　本時を振り返る。	

□中学校3年社会

　次の題材について50分の授業を想定して，「学習活動」の3番についての模擬授業をできるところまで，5分程度で行ってください。

〈題材〉効率と公正(教科書　P28〜P29)

〈本時の目標〉社会生活における物事の決定の仕方について理解し，効率と公正の観点から解決策について考えることができる。

〈学習の展開〉

	学　習　活　動	指導上の留意点・教師の支援
導入	1　本時の目標を確認する。	
展開	2　効率と公正の意味について，理解する。 3　「1年前の学校でのトラブルについて考えよう」を基に「効率」と「公正」の観点から，解決策について，話し合う。	
まとめ	4　本時を振り返る。	

▼中学数学

□中学校1年数学

　次の題材について50分の授業を想定して，「学習活動」の5番についての模擬授業をできるところまで，5分程度で行ってください。

〈題材〉文字式の活用(教科書　P87〜P89)

〈本時の目標〉文字を使って碁石の総数を表す式の求め方を説明することができる。

〈学習の展開〉

	学　習　活　動	指導上の留意点・教師の支援
導入	1　これまでの学習を想起し，「1見通しをもとう」を考え，本時のめあてをつかむ。	
展開	2　「2考えよう」を各自で考えて，問題を把握する。 3　「3話し合おう」を参考に，グループで考えたことを共有し合い，自分の考えを深めたり，新しい考えに気付いたりする。 4　グループで考え方をひとつに絞り，わかりやすく説明する方法を考え，全体で発表する。	
まとめ	5　「4ふり返ろう」を考え，本時の学習の振り返りをする。	

□中学校2年数学

　次の題材について50分の授業を想定して，「学習活動」の5番についての模擬授業をできるところまで，5分程度で行ってください。

〈題材〉角と平行線(教科書　P106〜P107)

〈本時の目標〉角の大きさの求め方を根拠を明らかにして説明できる。

〈学習の展開〉

	学　習　活　動	指導上の留意点・教師の支援
導入	1　これまでの学習を想起し，活動1を考え，本時のめあてをつかむ。	
展開	2　Q1を各自で考えて，問題を把握する。 3　グループで考えたことを共有し合い，自分の考えを深めたり，新しい考えに気付いたりする。 4　グループで考え方をひとつに絞り，わかりやすく説明する方法を考え，全体で発表する。	
まとめ	5　Q2を各自で解き，本時の学習の振り返りをする。	

□中学校2年数学

　次の題材について50分の授業を想定して,「学習活動」の5番についての模擬授業をできるところまで,5分程度で行ってください。

〈題材〉確率(教科書　P184〜P185)

〈本時の目標〉確率を用いてくじのあたりやすさを考察し,説明できる。

〈学習の展開〉

		学　習　活　動	指導上の留意点・教師の支援
導入		1　これまでの学習を想起し,「1 見通しをもとう」を考え,本時のめあてをつかむ。	
展開		2　「2考えよう」を各自で考えて,問題を把握する。 3　グループで考えたことを共有し合い,自分の考えを深めたり,新しい考えに気付いたりする。 4　グループで考え方をひとつに絞り,わかりやすく説明する方法を考え,全体で発表する。	
まとめ		5　「4ふり返ろう」を各自で考え,本時の学習の振り返りをする。	

□中学校3年数学

　次の題材について50分の授業を想定して，「学習活動」の5番についての模擬授業をできるところまで，5分程度で行ってください。

〈題材〉2乗に比例する関数(教科書　P113〜P115)

〈本時の目標〉身のまわりの事象を関数を用いて考察することができる。

〈学習の展開〉

	学　習　活　動	指導上の留意点・教師の支援
導入	1　これまでの学習を想起し，「1見通しをもとう」を考え，本時のめあてをつかむ。	
展開	2　「2考えよう」を各自で考えて，問題を把握する。 3　グループで考えたことを共有し合い，自分の考えを深めたり，新しい考えに気付いたりする。 4　グループで「3話し合おう」を考え，解答とその解法を全体で発表することを通して共有する。	
まとめ	5　「4ふり返ろう」を各自で考え，本時の学習の振り返りをする。	

▼中学理科

□中学校1年理科

　次の題材について50分の授業を想定して，「学習活動」の1番についての模擬授業をできるところまで，5分程度で行ってください。

〈題材〉とけた物質の取り出し方(教科書　P119〜P122)

〈本時の目標〉とけた物質の取り出し方について進んで関わり，見通しをもつなど，科学的に探究しようとする。

〈学習の展開〉

	学　習　活　動	指導上の留意点・教師の支援
導入	1　これまでの学習内容を振り返り，本時の学習課題を設定する。	
展開	2　仮説を立てる。 3　仮説をもとに実験の計画を立てる。	
まとめ	4　実験方法を確認する。	

□中学校2年理科

　次の題材について50分の授業を想定して，「学習活動」の1番につい
ての模擬授業をできるところまで，5分程度で行ってください。

〈題材〉栄養分と消化(教科書　P122〜P125)

〈本時の目標〉唾液のはたらきを調べる実験について，見通しをもっ
　　　　　　　て主体的・協働的に計画することができる。

〈学習の展開〉

	学　習　活　動	指導上の留意点・教師の支援
導入	1　これまでの学習内容を振り返り，本時の学習課題を設定する。	
展開	2　仮説を立てる。 3　仮説を確かめる実験方法を考える。	
まとめ	4　実験方法を確認する。	

□中学校2年理科

　次の題材について50分の授業を想定して,「学習活動」の3番について
の模擬授業をできるところまで, 5分程度で行ってください。
〈題材〉電流とそのエネルギー(教科書　P186〜P189)
〈本時の目標〉実験の結果から, 電力と発生した熱量の関係を見いだ
　　　　　　　すことができる。
〈学習の展開〉

	学　習　活　動	指導上の留意点・教師の支援
導入	1　これまでの学習内容を振り返り, 本時の学習課題を確認する。	
展開	2　実験方法を確かめ, 実験を行う。 3　実験結果をまとめ, 考察する。	
まとめ	4　考察したことを発表し合い, まとめる。	

□中学校3年理科

　次の題材について50分の授業を想定して，「学習活動」の3番についての模擬授業をできるところまで，5分程度で行ってください。

〈題材〉金星の見え方(教科書　P230〜P233)

〈本時の目標〉モデル実習の結果を分析し解釈して，金星の見え方の変化が規則的に移り変わることを見いだすことができる。

〈学習の展開〉

	学　習　活　動	指導上の留意点・教師の支援
導入	1　これまでの学習内容を振り返り，本時の学習課題を確認する。	
展開	2　実習方法を確かめ，実習を行う。 3　実習結果をまとめ，考察する。	
まとめ	4　考察したことを発表し合い，まとめる。	

▼中学音楽

□中学校1年音楽

　次の題材について50分の授業を想定して，「学習活動」の3番についての模擬授業をできるところまで，5分程度で行ってください。

〈題材〉詩情を味わいながら表現を工夫して歌おう

　　　　「赤とんぼ」　作詞：三木露風　作曲：山田耕筰

　　　　教科書　P.16～P.17　P.28～P.29

〈本時の目標〉曲想と音楽の構造や歌詞の内容との関わりを理解し，
　　　　　　　音楽表現を工夫する。

〈学習の展開〉

	学　習　活　動	指導上の留意点・教師の支援
導入	1　前時に学習した歌詞の内容や旋律の動きに留意しながら，歌唱する。	
展開	2　曲想や歌詞の内容を表現するために，どのように歌いたいかについてグループで話し合う。 3　グループで話し合ったことについて発表し，全体で共有する。	
まとめ	4　本時の学習を生かして，学級全体で歌う。	

□中学校1年音楽

　次の題材について50分の授業を想定して，「学習活動」の3番について
の模擬授業をできるところまで，5分程度で行ってください。

〈題材〉多声音楽の魅力を味わおう

　　　　「フーガ　ト短調」　作曲：J.S.バッハ

　　　教科書　P.39　P.40・41

〈本時の目標〉「フーガ　ト短調」の曲想と音楽の構造とを関わらせ
　　　　　　　て理解し，よさや美しさを味わって聴く。

〈学習の展開〉

	学　習　活　動	指導上の留意点・教師の支援
導入	1　楽曲を通して聴き，前時の復習をする。	
展開	2　曲想と音楽の構造との関わりについて，グループで話し合う。 3　グループで話し合ったことについて発表し，全体で共有する。	
まとめ	4　楽曲を通して聴き，本時の学習を踏まえて，批評文を書く。	

▼中学美術

□中学校3年美術

　次の題材について50分の授業を想定して,「学習活動」の2番についての模擬授業をできるところまで,5分程度で行ってください。

〈題材〉空想からの表現(教科書　P28〜P31)

〈本時の目標〉自ら設定した主題をもとに,夢や想像したことなど心の世界を,形や色彩で創造的に表す。

〈学習の展開〉

	学 習 活 動	指導上の留意点・教師の支援
導入	1　前時のシュルレアリスム作品等の鑑賞を振り返り,本時の学習課題をつかむ。	
展開	2　自由な視点で夢や想像の世界など心の中を表すアイデアを出し合う。 3　自由な発想で表現の構想を練る。 4　作品の主題を決定する。	
まとめ	5　本時の学習を振り返り,次時の確認をする。	

▼中学保体

□中学校1年保体

　次の題材について50分の授業を想定して，「学習活動」の4番についての模擬授業をできるところまで，5分程度で行ってください。

〈題材〉心の発達(教科書　P30〜P31)

〈本時の目標〉精神機能は，生活経験などの影響を受けて発達することを理解し，個人生活と関連付けて，自他の課題を発見することができる。

〈学習の展開〉

	学　習　活　動	指導上の留意点・教師の支援
導入	1　本時の目標を確認する。	
展開	2　心は，精神機能の働きから成り立つことについて教師の説明や，資料1と資料2を見て理解する。 3　教科書等から，知的機能，情意機能，社会性の発達の仕方について調べ，発表する。 4　精神機能をよりよく発達させるために，これからどのようなことをしていくか考え，グループで発表し合う。	
まとめ	5　本時の学習を振り返る。	

□中学校1年保体

　次の題材について50分の授業を想定して,「学習活動」の4番について の模擬授業をできるところまで,5分程度で行ってください。

〈題材〉運動やスポーツへの多様な関わり方(教科書　P52〜P53)

〈本時の目標〉運動やスポーツには,「する,見る,支える,知る」な どの多様な関わり方があることを理解することができ る。

〈学習の展開〉

	学　習　活　動	指導上の留意点・教師の支援
導入	1　本時の目標を確認する。	
展開	2　自分はどのように運動やスポーツ と関わってきたかを考え,グループ で発表し合う。 3　教科書等から,運動やスポーツへ の多様な関わり方について調べ,話 し合う。 4　学校や地域で開催されるスポーツ イベントについて,どのような視点 から関わることができるか,具体的 に考え,発表する。	
まとめ	5　本時の学習を振り返る。	

□中学校2年保体

　次の題材について50分の授業を想定して，「学習活動」の4番についての模擬授業をできるところまで，5分程度で行ってください。

〈題材〉生活習慣病の予防(教科書　P94〜P95)

〈本時の目標〉生活習慣病は，日常の生活習慣が要因となって起こる疾病であり，適切な対策を講ずることにより予防できることを理解することができる。

〈学習の展開〉

	学　習　活　動	指導上の留意点・教師の支援
導入	1　本時の目標を確認する。	
展開	2　生活習慣病の予防のためにはどのような生活をすればよいか考え，グループで交流する。 3　教科書等を参考にして，生活習慣病を予防するための社会の取り組みについて調べ，発表する。 4　個人で考えた予防法をグループで共有し，予防の仕方についてアドバイスし合う。	
まとめ	5　本時の学習を振り返る。	

□中学校2年保体

　次の題材について50分の授業を想定して，「学習活動」の4番についての模擬授業をできるところまで，5分程度で行ってください。

〈題材〉喫煙・飲酒・薬物乱用の要因と適切な対処(教科書　P106〜
　　　　P107)

〈本時の目標〉喫煙，飲酒，薬物乱用などの行為は，心理状態や社会
　　　　　　　環境によって助長されること，それらに適切に対処す
　　　　　　　る必要があることを理解することができる。

〈学習の展開〉

	学　習　活　動	指導上の留意点・教師の支援
導入	1　本時の目標を確認する。	
展開	2　【事例】を活用し，飲酒をした要因は何か，読み取ったことを話し合う。 3　資料1〜3から，喫煙，飲酒，薬物乱用のきっかけとなる，心理状態，社会環境について調べ，発表する。 4　喫煙，飲酒，薬物乱用を勧められたとき，どのように断るか考え，グループで発表し合う。	
まとめ	5　本時の学習を振り返る。	

▼中学技術

□中学校1年技術

　次の題材について50分の授業を想定して，「学習活動」の2番についての模擬授業をできるところまで，5分程度で行ってください。

〈題材〉構造をじょうぶにするための技術を知ろう(教科書　P38〜P39)

〈本時の目標〉

・製品をじょうぶにするための工夫を理解することができる。

・じょうぶな構造や形状・組み合わせについて説明することができる。

〈学習の展開〉

	学　習　活　動	指導上の留意点・教師の支援
導入	1　本時の目標を確認する。	
展開	2　身の回りの製品をじょうぶにするための工夫について調べる。 3　材料の組み合わせを工夫したじょうぶな構造について理解する。	
まとめ	4　本時のまとめと振り返りをする。	

□中学校1年技術

　次の題材について50分の授業を想定して,「学習活動」の2番について の模擬授業をできるところまで,5分程度で行ってください。

〈題材〉問題解決の手順(教科書　P44～P47)

〈本時の目標〉

・材料と加工の技術による問題解決の手順について理解することができ る。

・技術の見方・考え方を働かせて,身近な生活における問題を発見し, 解決するための課題を設定することができる。

〈学習の展開〉

	学　習　活　動	指導上の留意点・教師の支援
導入	1　問題解決の流れを知る。	
展開	2　自身の身近な生活の問題を見いだ し,課題を設定する。 3　まとめたアイデアについて,グル ープで意見交換を行い,修正をする。	
まとめ	4　問題発見,課題設定のしかたを振 り返る。	

▼中学家庭

□中学校2年家庭

　次の題材について50分の授業を想定して,「学習活動」の2番についての模擬授業をできるところまで,5分程度で行ってください。

〈題材〉私たちの消費生活(教科書　P250～P251)

〈本時の目標〉いろいろな支払い方法の特徴について理解する。

〈学習の展開〉

	学　習　活　動	指導上の留意点・教師の支援
導入	1　本時の学習課題を確認する。	
展開	2　様々な商品の購入場面について,それぞれの販売方法や支払い方法を選ぶか,その理由とともに考え,発表する。 3　それぞれの支払い方法について,長所と短所をグループで話し合う。	
まとめ	4　本時を振り返り,分かったことを自分の言葉でまとめる。	

▼中学英語

□中学校2年英語

　次の題材について50分の授業を想定して,「学習活動」の3番についての模擬授業をできるところまで, 5分程度で行ってください。

〈題材〉

Lesson 1 Service Dogs

Talk about service dogs!(教科書　P14〜15)

〈本時の目標〉アヤが友達のハンナに, 盲導犬について知ったことやその時の気持ちを伝えるために書いたメール文を読んで, 概要や要点を伝えるとともに, その内容を基に自分の考えや気持ちを伝え合うことができる。

〈学習の展開〉

	学　習　活　動	指導上の留意点・教師の支援
導入	1　挨拶をし, Small Talk を行う。 2　本時の目標を理解する。	
展開	3　本文から, 概要や要点を読み取り, 読み取った内容について伝え合う。 4　その内容について, 自分の考えや気持ちなどを伝え合う。	
まとめ	5　本時の振り返りをする。 6　挨拶をする。	

□中学校2年英語

　次の題材について50分の授業を想定して,「学習活動」の3番についての模擬授業をできるところまで,5分程度で行ってください。

〈題材〉

Lesson 4 Workplace Experience

Talk about your workplace experience!(教科書　P50〜51)

〈本時の目標〉アヤがクラスメートに,職場体験で知ったことや感じたことを伝えるために書いた英文を読んで,概要や要点を捉えるとともに,その内容を基に自分の考えや気持ちを伝え合うことができる。

〈学習の展開〉

	学　習　活　動	指導上の留意点・教師の支援
導入	1　挨拶をし,Small Talk を行う。 2　本時の目標を理解する。	
展開	3　本文から,概要や要点を読み取り,読み取った内容について伝え合う。 4　その内容について,自分の考えや気持ちなどを伝えあう。	
まとめ	5　本時の振り返りをする。 6　挨拶をする。	

□中学校2年英語

　次の題材について50分の授業を想定して,「学習活動」の3番について の模擬授業をできるところまで, 5分程度で行ってください。

〈題材〉

Lesson 7 The Gift of Giving

Talk and write about charity events!(教科書　P82〜P83)

〈本時の目標〉ボブがクラスメートに, チャリティーイベントについ て調べたことを伝えるために書いた英文を読んで, 概 要や要点を捉えるとともに, その内容を基に自分の考 えや気持ちを伝え合うことができる。

〈学習の展開〉

	学　習　活　動	指導上の留意点・教師の支援
導入	1　挨拶をし, Small Talk を行う。 2　本時の目標を理解する。	
展開	3　本文から, 概要や要点を読み取り, 読み取った内容について伝え合う。 4　その内容について, 自分の考えや気持ちなどを伝え合う。	
まとめ	5　本時の振り返りをする。 6　挨拶をする。	

□中学校3年英語

　次の題材について50分の授業を想定して,「学習活動」の3番についての模擬授業をできるところまで,5分程度で行ってください。

〈題材〉

Lesson 2 The Eagles in Hokkaido

Write about protecting wildlife in Japan!(教科書P26〜P27)

〈本時の目標〉アヤがクラスメートに,野生動物が直面している環境問題について調べたことを伝えるために書いた英文を読んで,概要や要点を捉えるとともに,その内容を基に自分の考えや気持ちを伝え合うことができる。

〈学習の展開〉

	学　習　活　動	指導上の留意点・教師の支援
導入	1　挨拶をし,Small Talk を行う。 2　本時の目標を理解する。	
展開	3　本文から,概要や要点を読み取り,読み取った内容について伝え合う。 4　その内容について,自分の考えや気持ちを伝え合う。	
まとめ	5　本時の振り返りをする。 6　挨拶をする。	

□中学校3年英語

　次の題材について50分の授業を想定して，「学習活動」の3番について の模擬授業をできるところまで，5分程度で行ってください。

〈題材〉

Lesson 5　Being True to Ourselves

Give advice to your friend!(教科書　P62～P63)

〈本時の目標〉ケンタがクラスメートに，進路選択についての自分の 　　　　　　　考えを伝えるために書いた英文を読んで，概要や要点 　　　　　　　を捉えるとともに，その内容を基に自分の考えや気持 　　　　　　　ちを伝え合うことができる。

〈学習の展開〉

	学 習 活 動	指導上の留意点・教師の支援
導入	1　挨拶をし，Small Talk を行う。 2　本時の目標を理解する。	
展開	3　本文から，概要や要点を読み取り，読み取った内容について伝え合う。 4　その内容について，自分の考えや気持ちを伝え合う。	
まとめ	5　本時の振り返りをする。 6　挨拶をする。	

▼高校国語

□「言語文化」における漢文について，50分の授業を想定し，「展開」
の「4」の模擬授業を，10分以内で行ってください。その際，今後
の古典学習への意欲を持たせるよう，適宜板書しながら補足説明を
行ってください。

〈言語文化　学習指導案①〉

1　実施日　令和4年9月21日(水)第1限

2　学級　1年1組

3　単元名　漢詩の世界を参考に，自分の体験や思いを散文で表現し
よう①

4　教材名　漢詩四編

5　言語活動　漢詩を参考に，季節感を題材とした随筆を書く。

6　本時の目標　自分の体験や思いが効果的に伝わるよう，文章の構
成や展開，文体，描写，語句などの表現の仕方を工夫することがで
きる。

7　本時の展開

	学 習 活 動	指導上の留意点	具体の評価規準
導 入 5分	1　本時の目標を確認する。		
展 開 40分	2　前時に各自が考えた案についてグループ内で発表する。 3　自分の思いや考えを効果的に伝える方法や記述の留意点についてグループで話し合う。 4　教師の補足説明を聞き，グループでの協議内容も参考にして随筆を書く。		
まとめ 5分	5　本時の学習内容を振り返り，次時の学習内容の説明を聞く。		

□「言語文化」における古文について，50分の授業を想定し，「展開」の「4」の模擬授業を，10分以内で行ってください。その際，今後の古典学習への意欲を持たせるよう，適宜板書しながら補足説明を行ってください。

〈言語文化　学習指導案②〉

1　実施日　令和4年9月21日(水)第1限

2　学級　1年1組

3　単元名　和歌の世界を参考に，自分の体験や思いを散文で表現しよう②

4　教材名　和歌八首

5　言語活動　和歌を参考に，季節感を題材とした随筆を書く。

6　本時の目標　自分の体験や思いが効果的に伝わるよう，文章の構成や展開，文体，描写，語句などの表現の仕方を工夫することができる。

7　本時の展開

	学 習 活 動	指導上の留意点	具体の評価規準
導 入 5分	1　本時の目標を確認する。		
展 開 40分	2　前時に各自が考えた案についてグループ内で発表する。 3　自分の思いや考えを効果的に伝える方法や記述の留意点についてグループで話し合う。 4　教師の補足説明を聞き，グループでの協議内容も参考にして随筆を書く。		
まとめ 5分	5　本時の学習内容を振り返り，次時の学習内容の説明を聞く。		

□「言語文化」における古文について，50分の授業を想定し，「展開」
の「4」の模擬授業を，10分以内で行ってください。その際，今後
の古典学習への意欲を持たせるよう，適宜板書しながら補足説明を
行ってください。

〈言語文化　学習指導案③〉

1　実施日　令和4年9月21日(水)第1限

2　学級　1年1組

3　単元名　俳諧の世界を参考に，自分の体験や思いを散文で表現し
よう③

4　教材名　俳諧八句

5　言語活動　俳諧を参考に，季節感を題材とした随筆を書く。

6　本時の目標　自分の体験や思いが効果的に伝わるよう，文章の構
成や展開，文体，描写，語句などの表現の仕方を工夫することがで
きる。

7　本時の展開

	学 習 活 動	指導上の留意点	具体の評価規準
導　入 5分	1　本時の目標を確認する。		
展　開 40分	2　前時に各自が考えた案についてグループ内で発表する。 3　自分の思いや考えを効果的に伝える方法や記述の留意点についてグループで話し合う。 4　教師の補足説明を聞き，グループでの協議内容も参考にして随筆を書く。		
まとめ 5分	5　本時の学習内容を振り返り，次時の学習内容の説明を聞く。		

▼高校地歴

□次の指導案で「日本史B」の授業を行います。50分の授業を想定し,本時の目標を踏まえたうえで展開部分の「展開2」から始めてできるところまで,10分以内で模擬授業を行ってください。その際,資料の提示や生徒への問いかけ(SQ),具体的な指示,板書等も工夫して行うこと。

〈地理歴史科(日本史B)指導案〉

単元「武士の社会」(本時：承久の乱後の執権政治の展開)

1　実施日　令和4年○月△日

2　指導ホームルーム　2年1組

3　本時の目標

公武二元支配体制が変化する契機としての承久の乱の結果と意義を理解させるとともに,北条氏を中心とした有力御家人の合議制という「執権政治」の成立の背景・特徴・施策を考察させる。

4　展開

	学習活動	指導上の留意点	具体の評価規準
導入	1　承久の乱における尼将軍北条政子の演説で幕府内部の結束が強固になったという『吾妻鏡』の記述を読み関心を高める。 2　本時の目標を知る。 （MQ　承久の乱に勝利した幕府は,どのような政治を目指したのだろうか?）		
展開	1　承久の乱の結果,朝幕関係が幕府優位となったことと,没収地に新補地頭がおかれて地方支配のあり方が変化したことの意義を考察する。 2　合議政治を目指し,連署・評定衆を定めた執権政治の特質について考察し,武家社会の慣習・道徳の成文法として御成敗式目が制定された意義を理解する。 3　執権政治から得宗専制政治へと変化した背景について考察する。		
まとめ	鎌倉時代に構築された武家政治の政治制度についてまとめ,室町・江戸時代に継承されていくものについて確認する。		

〈指導案補足〉

MQ(メインクエスチョン)：単元あるいは本時における「基軸となる問い」

SQ(サブクエスチョン)：MQについて考えるための「問い」

□次の指導案で「日本史B」の授業を行います。50分の授業を想定し，本時の目標を踏まえたうえで展開部分の「展開1」から始めてできるところまで，10分以内で模擬授業を行ってください。その際，資料の提示や生徒への問いかけ(SQ)，具体的な指示，板書等も工夫して行うこと。

地理歴史科(日本史B)指導案

単元「第一次世界大戦と日本」(本時：政党内閣の成立)

1　実施日　令和4年○月△日

2　指導ホームルーム　3年1組

3　本時の目標

　大正デモクラシー思想の拡大や米騒動に示された民衆の政治的高まりの中で，政党内閣の成立とその限界を明らかにし，その歴史的意義を考察させる。

4　展開

	学習活動	指導上の留意点	具体の評価規準
導入	1　第一次護憲運動における「閥族打破・憲政擁護」の世論は民衆の政治的な目覚めだったことを振り返り，興味・関心を高める。 2　本時の目標を知る。 MQ　大正デモクラシー思想はどのように拡大したのだろうか？		
展開	1　吉野作造の民本主義思想の歴史的意義と寺内正毅内閣の性格を理解する。 2　米騒動の発生と，米価高騰の原因，発生，拡大，結果から意義について，国内・国外の両面から考察する。 3　原敬内閣の性格・施策・普通選挙への対応について具体的に理解し，政党内閣の成立と歴史的意義を表現するとともに，その限界及び原敬内閣以後の政治動向についても確認する。		
まとめ	吉野作造の民本主義や原敬内閣成立の意義について，今日の民主主義の歴史的意義とともに考察し，まとめる。		

〈指導案補足〉

MQ(メインクエスチョン)：単元あるいは本時における「基軸となる問い」

SQ(サブクエスチョン)：SQの追求をとおしてMQを深めることができる「問い」

□次の指導案で「世界史B」の授業を行います。50分の授業を想定し，本時の目標を踏まえたうえで展開部分の「展開2」から始めてできるところまで，10分以内で模擬授業を行ってください。その際，資料の提示や生徒への問いかけ(SQ)，具体的な指示，板書等も工夫して行うこと。

〈地理歴史科(世界史B)指導案〉

単元「イスラーム世界の形成と拡大」(本時：イスラーム帝国の成立)

1　実施日　令和4年○月△日

2　指導ホームルーム　2年1組

3　本時の目標

　イスラームが地域や民族をこえて拡大できた理由とその影響について，アッバース朝の支配の特徴から考察し，表現することができるようにする。

4　展開

	学習活動	指導上の留意点	具体の評価規準
導入	1 『千夜一夜物語』で知られるハールーン＝アッラシードの資料を見て，アッバース朝時代の社会に興味・関心を持つ。 2　本時の目標を知る。 MQ　アッバース朝が「イスラーム帝国」と呼ばれるのはなぜか？		
展開	1　アッバース朝の成立の背景には，ウマイヤ朝に不満を持っていたマワーリー等の勢力があったことを理解する。 2　税制面においてウマイヤ朝とアッバース朝の違いを考察し，アラブ人の特権が廃止され，『コーラン』に記された信者の平等が実現したイスラーム帝国の成立について表現する。 3　カリフによるイスラーム法に基づく政治の特徴と，帝国の都として造営されたバグダードの繁栄について理解する。		
まとめ	イスラーム世界の形成について，アラブ人による征服の段階と，多くの民族に受容されたイスラーム帝国の時代に区分してまとめる。		

〈指導案補足〉

MQ(メインクエスチョン)：単元あるいは本時における「基軸となる問い」

SQ(サブクエスチョン)：MQについて考えるための「問い」

□次の指導案で「世界史B」の授業を行います。50分の授業を想定し，本時の目標を踏まえたうえで展開部分の「展開2」から始めてできるところまで，10分以内で模擬授業を行ってください。その際，資料の提示や生徒への問いかけ(SQ)，具体的な指示，板書等も工夫して行うこと。

〈地理歴史科(世界史B)指導案〉

単元「欧米における近代国民国家の発展」(本時：アメリカ合衆国の領土拡大)

1　実施日　令和4年○月△日

2　指導ホームルーム　3年1組

3　本時の目標

　米英戦争の意義，西部への領土拡大とアメリカ的民主主義の成長，「明白な天命」が持つ問題点について多面的に考察し，表現することができるようにする。

4　展開

	学習活動	指導上の留意点	具体の評価規準
導入	1　「アメリカの進歩」の絵を見て，どのようなことが描かれているか考察し，西漸運動に興味・関心を持つ。 2　本時の目標を知る。		
	MQ　アメリカ大西部の開拓期における「光と影」とは何だろうか？		
展開	1　米英戦争によるアメリカ人意識の高まりと工業化の進展，モンロー教書でヨーロッパ大陸との相互不干渉を表明したことの意義について理解する。 2　ジャクソン大統領の時代に，西部の農民や都市の下層民の重視がうたわれ民主主義が進展したが，一方で先住民強制移住法も制定されたことについて考察する。 3　西部開拓は「明白なる天命」として正当化され，領土を併合・獲得していった歴史についてまとめる。		
まとめ	西部開拓において民主主義の進展と先住民の排斥が共存したことについて「光と影」としてまとめる。		

〈指導案補足〉

MQ(メインクエスチョン)：単元あるいは本時における「基軸となる問い」

SQ(サブクエスチョン)：MQについて考えるための「問い」

□次の指導案で「地理B」の授業を行います。50分の授業を想定し，本時の目標を踏まえたうえで展開部分の「展開2」から始めてできるところまで，10分以内で模擬授業を行ってください。その際，資料の提示や生徒への問いかけ(SQ)，具体的な指示，板書等も工夫して行うこと。

〈地理歴史科(地理B)指導案〉

単元「世界の工業」(本時：工業の立地)

1　実施日　令和4年〇月△日

2　指導ホームルーム　3年1組

3　本時の目標

　工業の立地要因や，立地条件による工業の分類，工業地域の形成要因などを，鉄鋼業などの事例を通して理解させるとともに，工業立地の変化について，交通要因の変化を事例に理解させる。

4　展開

	学習活動	指導上の留意点	具体の評価規準
導入	1　セメント工場の写真やビール工場の立地を表す地図を見て，工場の立地理由に興味・関心を高める。 2　本時の目標を知る。 （MQ　工場はどのような理由から，どのような場所に建てられているのだろう？）		
展開	1　企業の目的を確認し，工場の立地要因について，ウェーバーの工業立地論から理解する。 2　工業の種類により立地因子や立地条件が異なることに気付き，各工業の立地の特徴や具体例について考察する。また，集積のメリットについても考察する。 3　交通機関の発達が，工業立地にどのような影響を与えるのか考察し，工業立地の変化について理解する。		
まとめ	工業の立地の決定には立地因子や立地条件が関係していることについての学習を踏まえて，世界の工業立地の変容についてまとめる。		

〈指導案補足〉

MQ(メインクエスチョン)：単元あるいは本時における「基軸となる問い」

SQ(サブクエスチョン)：SQの追求をとおしてMQを深めることができる「問い」

▼高校公民

□「司法参加の意義」について，50分の授業を行います。「展開4」の模擬授業を，できるところまで10分以内で行ってください。裁判員制度のしくみを踏まえた上での成果と課題，国民の司法参加の意義について考えさせる内容としてください。また，生徒に分かりやすいように，ホワイトボードを活用(板書)して進めてください。

〈公民(公共)　学習指導案〉

単元　司法参加の意義

1　実施日　令和4年○○月△△日

2　指導ホームルーム　□年◇組

3　本時の目標

　国民の権利を守り，社会の秩序を維持するために，法に基づく公正な裁判が保証されていることや国民の司法参加が大切であることを理解させる。

4　展開

	学習活動	指導上の留意点	具体の評価規準
導入 5分	1　本時のねらいを聞く。		
展開 40分	2　司法制度改革が進められた背景や要因について理解する。		
	3　裁判員制度のしくみについて理解する。		
	4　裁判員制度の成果と課題について理解し，国民が裁判に参加する意義について考察する。		
	5　刑事裁判の基本的な考え方や適正な手続きについて理解する。		
まとめ 5分	6　本時のまとめを聞く。		

▼高校数学

□次の指導案で「数学Ⅰ」の授業を行います。「展開2」についての模擬授業をできるところまで，10分以内で行ってください。その際，生徒がつまづきやすいところや学習事項の意義についての指導にも留意してください。

〈数学Ⅰ　学習指導案〉

単元　分数と標準偏差

1　実施日　令和4年6月24日(金)

2　指導ホームルーム　1年1組　40名

3　本時の目標

　　分数と標準偏差の意味について理解する。

4　事前の指導

　　データの整理について基本的事項を理解させておく。

5　展開

	学習活動	指導上の留意点	具体の評価規準
導入 3分	1　本時の目標について聞く。		
展開 42分	2　分散と標準偏差の説明を聞く。		
	3　例1を確認して，練習1を解く。		
	4　例2を確認して，練習2を解く。		
まとめ 5分	5　まとめと次時の予告を聞く。		

□次の指導案で「数学A」の授業を行います。「展開2」についての模
　擬授業をできるところまで，10分以内で行ってください。その際，
　生徒がつまづきやすいところや学習事項の意義についての指導にも
　留意してください。

〈数学A　学習指導案〉

単元　ユークリッドの互除法

1　実施日　令和4年9月22日(木)

2　指導ホームルーム　1年2組　40名

3　本時の目標

　ユークリッドの互除法について理解する。

4　事前の指導

　公約数，最大公約数について理解させておく。

5　展開

	学習活動	指導上の留意点	具体の評価規準
導入5分	1　本時の目標について聞く。		
展開40分	2　ユークリッドの互除法について説明を聞く。 3　例12の説明を聞き，問11を解く。 4　例13の説明を聞き，問12を解く。		
まとめ5分	5　まとめと次時の予告を聞く。		

□次の指導案で「数学Ⅱ」の授業を行います。「展開2」についての模擬授業をできるところまで，10分以内で行ってください。その際，生徒がつまづきやすいところや学習事項の意義についての指導にも留意してください。

〈数学Ⅱ　学習指導案〉

単元　定積分と面積

1　実施日　令和4年7月4日(月)

2　指導ホームルーム　2年3組　40名

3　本時の目標

微分と積分の関係に着目し，積分の考えを用いて直線や関数のグラフで囲まれた図形の面積を求める方法について理解する。

4　事前の指導

定積分の定義・性質，定積分と微分の関係について理解させておく。

5　展開

	学習活動	指導上の留意点	具体の評価規準
導入 5分	1　本時の目標について聞く。		
展開 40分	2　定積分と面積についての説明を聞く。 3　例8の説明を聞き，定積分と面積についてまとめる。 4　例9についての説明を聞き，問11を解く。		
まとめ 5分	5　まとめと次時の予告を聞く。		

276

□次の指導案で「数学B」の授業を行います。「展開2」についての模擬授業をできるところまで，10分以内で行ってください。その際，生徒がつまづきやすいところや学習事項の意義についての指導にも留意してください。

〈数学B　学習指導案〉

単元　自然数の2乗の和

1　実施日　令和4年6月24日(金)

2　指導ホームルーム　2年4組　40名

3　本時の目標

　自然数の2乗の和の公式が導かれる過程を理解する。

4　事前の指導

　等差数列，等比数列について，理解させておく。

5　展開

	学習活動	指導上の留意点	具体の評価規準
導入 2分	1　本時の目標について聞く。		
展開 43分	2　自然数の2乗の和について説明を聞く。 3　例1について確認し，問1を解く。 4　例題1について説明を聞き，問2を解く。		
まとめ 5分	5　まとめと次時の予告を聞く。		

▼高校理科

□物理

　「気柱の共鳴と音源の振動数」について，50分の授業を行います。「展開4」の模擬授業をできるところまで，10分以内で行ってください。その際，生徒が理解しやすくなるように，「閉管の固有振動」について，ホワイトボードに図示(板書)しながら説明すること。

〈物理基礎　学習指導案〉

単元　「音と振動」

1　実施日　令和4年○○月△△日

2　指導ホームルーム　□年◇組

3　本時の目標

　　「気柱の共鳴と音源の振動数」を関連付けて理解する。

4　展開

	学習活動	指導上の留意点	具体の評価規準
導入 5分	1　本時のねらいを聞く。		
展開 40分	2　「気柱の固有振動」について学習する。 3　「気柱の共鳴」について実験する。 4　「閉管の固有振動」について学習する。 5　「開管の固有振動」について学習する。		
まとめ 5分	6　本時のまとめを聞く。		

□化学

　反応熱と熱化学方程式について50分の授業を行います。別に示した資料を使って，展開4「代表的な反応熱の熱化学方程式を表し，その特徴を理解する。」の部分の授業を，10分以内で行ってください。その際，ホワイトボードを用いて，図示しながら説明してください。

〈化学　学習指導案〉

単元　化学反応とエネルギー

1　実施日　令和4年9月14日

2　指導ホームルーム　2年A組

3　本時の目標

　身近な化学反応と熱の関係に興味を持ち，熱の発生や吸収は，反応の前後における物質のもつ化学エネルギーの差であることを理解する。

4　展開

	学習活動	指導上の留意点	具体の評価規準
導入 5分	1 身近な化学変化と熱との関係について振り返り，気付いたことを考える。		
展開 40分	2 反応熱について理解する。		
	3 熱化学方程式のつくり方を理解する。		
	4 代表的な反応熱の熱化学方程式を表し，その特徴を理解する。		
まとめ 5分	5 本時のまとめを聞く。		

□生物

　遺伝情報の変化について50分の授業を行います。「展開5」の模擬授業をできるところまで，10分以内で行ってください。その際，生徒が理解しやすくなるように，鎌状赤血球貧血症の起こるしくみについて，ホワイトボードに図示(板書)しながら説明すること。

生物　学習指導案

〈単元　遺伝情報の発現〉

1　実施日　令和4年9月15日

2　指導ホームルーム　2年3組

3　本時の目標

　遺伝情報の変化と突然変異について理解する。とくに置換，挿入，欠失による影響と，実際にヒトに起こる鎌状赤血球貧血症について理解する。

4　展開

	学習活動	指導上の留意点	具体の評価規準
導入 (5分)	1　本時のねらいを聞く。		
展開 (40分)	2　遺伝情報の変化についての概要について学習する。 3　置換について学習する。 4　挿入・欠失について学習する。 5　鎌状赤血球貧血症について学習する。		
まとめ (5分)	6　本時のまとめを聞く。		

□地学

銀河の赤方偏移と後退速度について，50分の授業を行います。「展開3」の模擬授業をできるところまで，10分以内で行ってください。その際，生徒が理解しやすいように，ドップラー効果によって，波の波長が，波の源(光源)が遠ざかるときに長くなって観測されることについて，ホワイトボードに板書しながら説明すること。

〈地学　学習指導案〉

単元　銀河のスペクトルの赤方偏移と後退速度

1　実施日　令和4年○○月△△日

2　指導ホームルーム　□年◇組

3　本時の目標

　銀河のスペクトルの観測により，ごく近くの銀河を除いて，ほとんどの銀河が銀河系から遠ざかっていること，赤方偏移の大きい銀河ほど後退速度が大きいことを理解する。

4　展開

	学習活動	指導上の留意点	具体の評価規準
導入 5分	1　本時のねらいを聞く。		
	ほとんどの銀河が銀河系から遠ざかっていることは，どのような観測からわかってきたのだろうか。		
展開 40分	2　銀河のスペクトルの図から，遠い銀河ほど線スペクトルが波長の長いほうにずれていることを読み取る。		
	3　銀河のスペクトルの赤方偏移について理解し，ごく近くの銀河を除いて，ほとんどの銀河が銀河系から遠ざかっていることを知る。		
	4　銀河の赤方偏移と後退速度の関係について理解する。		
まとめ 5分	5　本時のまとめを聞く。		

▼高校保体

□別に示した教科書・資料について，50分の授業を想定し，「展開3」
　の内容について，資料を利用して，板書しながら10分以内で行って
　ください。

〈保健体育科学習指導案〉

単元　現代社会と健康　(教材)「生活習慣病の予防」

1　実施日　令和4年5月10日

2　指導ホームルーム　1年1組

3　本時の目標

　生活習慣などのリスクを軽減し予防するためには，調和のとれた健
康的な生活を続けることが必要であることについて理解する。

4　展開

	学習活動	指導上の留意点	具体の評価規準
導入 5分	1　本時のねらいを聞く。		
展 開 40分	2　生活習慣病の原因につい て学習する。 3　生活習慣病の予防には， 何を改善すればよいか学習す る。		
まとめ 5分	4　本時のまとめを聞く。		

□別に示した教科書・資料について，50分の授業を想定し，「展開2」
の内容について，資料を利用して，板書しながら10分以内で行って
ください。

〈保健体育科学習指導案〉

単元　現代社会と健康　(教材)「精神疾患の予防と回復のために」

1　実施日　令和4年9月7日

2　指導ホームルーム　1年2組

3　本時の目標

　精神疾患の予防と回復には，調和のとれた生活を実践することや早
期に心身の不調に気付くこと，早期発見と治療の早期開始が重要であ
ることについて理解する。

4　展開

	学習活動	指導上の留意点	具体の評価規準
導入 5分	1　本時のねらいを聞く。		
展 開 40分	2　心の健康を保つために大切なことについて学習する。 3　心身の不調から回復するために必要なことについて学習する。		
まとめ 5分	4　本時のまとめを聞く。		

□別に示した教科書・資料について，50分の授業を想定し，「展開3」
の内容について，資料を利用して，板書しながら10分以内で行って
ください。

〈保健体育科学習指導案〉

単元　安全な社会生活　(教材)「交通事故と安全の確保」

1　実施日　令和4年9月14日

2　指導ホームルーム　1年1組

3　本時の目標

　交通事故の発生要因を知り，運転者の安全意識と責任について理解
する。

4　展開

	学習活動	指導上の留意点	具体の評価規準
導入 5分	1　本時のねらいを聞く。		
展 開 40分	2　交通事故の特徴や原因について学習する。 3　運転者の安全意識と責任について学習する。		
まとめ 5分	4　本時のまとめを聞く。		

284

□別に示した教科書・資料について，50分の授業を想定し，「展開2」
の内容について，資料を利用して，板書しながら10分以内で行って
ください。

〈保健体育科学習指導案〉

単元　生涯を通じる健康　(教材)「労働災害・職業病とその予防」

1　実施日　令和4年5月30日

2　指導ホームルーム　2年1組

3　本時の目標

　職業病について具体的な対策を知るとともに，労災防止のための方
法についても理解する。

4　展開

	学習活動	指導上の留意点	具体の評価規準
導入 5分	1　本時のねらいを聞く。		
展 開 40分	2　職業病の予防につい て学習する。 3　労災防止について学 習する。		
まとめ 5分	4　本時のまとめを聞く。		

▼高校音楽

□表現領域(歌唱分野)について，50分の授業を行います。「展開3」の模擬授業をできるところまで，10分以内で行ってください。その際，「展開2」のグループ活動の際に，生徒にどのような視点を持って話し合いをさせたかということが分かるように，板書で示すこと。

〈音楽科学習指導案〉

題材

言葉の抑揚と旋律との関わりを理解し，歌唱表現を工夫しよう。

「この道」　作詞：北原白秋　作曲：山田耕筰

1　実施日　令和4年10月21日

2　指導ホームルーム　1年5組

3　本時の目標

曲想と音楽の構造や歌詞の内容との関わりを理解し，自己のイメージをもって歌唱表現を工夫する。

4　展開

	学習活動	指導上の留意点	具体の評価規準
導入 5分	1　前時の学習内容を生かし，歌唱する。		
展開 40分	2　曲想や歌詞の内容を表現するために，どのように歌いたいかについてグループで話し合う。 3　グループで話し合ったことを発表し，学級全体で共有する。		
まとめ 5分	4　本時のまとめをし，次時の課題を確認する。		

□表現領域(器楽分野)について，50分の授業を行います。「展開3」の模擬授業をできるところまで，10分以内で行ってください。その際，「展開2」のグループ活動の際に，生徒にどのような視点を持って話し合いをさせたかということが分かるように，板書で示すこと。

〈音楽科学習指導案〉

題材

　曲想にあった演奏を工夫しよう(リコーダー四重奏)

　「グリーンスリーヴス」　イングランド民謡　ドルメッチ編曲

1　実施日　令和4年10月21日

2　指導ホームルーム　1年5組

3　本時の目標

　曲想と音楽の構造との関わりを理解し，曲のイメージに合った音楽表現を工夫する。

4　展開

	学習活動	指導上の留意点	具体の評価規準
導入 5分	1　前時の復習を行い，本時の課題を把握する。		
展開 40分	2　音楽の特徴を生かし，曲のイメージに合った演奏にするためにどのような工夫をすればよいか話し合う。 3　グループで話し合ったことを発表し，学級全体で共有する。		
まとめ 5分	4　本時のまとめをし，次時の課題を確認する。		

▼高校美術

□「想像してあらわす」について，50分の授業を行います。「展開2」の模擬授業をできるところまで，10分以内で行ってください。その際，夢や想像の世界など心の中を表す方法を生徒が理解しやすくなるように，ホワイトボードに図示(板書)しながら説明すること。

〈美術Ⅰ学習指導案〉

題材　想像してあらわす

1　実施日　令和4年○○月△△日

2　指導ホームルーム　1年◇組

3　本時の目標

自ら設定した主題をもとに，夢や想像したことなど心の世界を，さまざまな技法を用いて創造的に表す。

4　展開

	学習活動	指導上の留意点	具体の評価規準
導入 5分	1　前時のシュルレアリスム作品等の鑑賞を振り返り，本時の学習課題をつかむ。		
展開 40分	2　自由な視点で夢や想像の世界など心の中を表すアイデアを出し合う。 3　自由な発想で表現の構想を練る。 4　作品の主題を決定する。		
まとめ 5分	5　本時の学習を振り返り，次時の確認をする。		

▼高校書道

□『書道Ⅰ』漢字の書の学習において，これまでに「集王聖教序」「蘭亭序」「争坐位文稿」などの行書の古典を学習したものとします。そこで本時は，別紙に示した図版「風信帖(部分)」を使って鑑賞と臨書の授業を行います。中国文化の影響を受けながらも日本独自の世界が芽生えた平安時代初期をふまえながら，指導案「展開3及び4」を10分以内で行いなさい。その際，ホワイトボードを使って板書をしてください。

〈書道　学習指導案〉

単元　漢字の書　行書「鑑賞と臨書」

1　実施日　令和4年7月○○日

2　指導ホームルーム　1年○組

3　本時の目標

　「風信帖」を鑑賞し，その特徴・魅力を理解するとともに，臨書に生かせるようにする。

4　展開

	学習活動	指導上の留意点	具体の評価規準
導入 5分	1　本時のねらいを聞く。		
展 開 40分	2　図版を鑑賞し，印象・特徴を感想カードに記入する。		
	3　図版の印象や特徴をもたらす根拠を明らかにしながら，図版の感想を発表する。		
	4　「風信帖」の魅力とその根拠について，授業者の説明を聞く。		
	5　「風信雲書」を半紙に1枚臨書する。		
	6　「風信雲書」を臨書する上でのポイントについて，授業者の説明を聞く。		
	7　「風信雲書」を臨書する。		
まとめ 5分	8　本時のまとめと，次時の予告を聞く。		

▼高校英語

□別に示した英文について，50分の授業を想定し，「導入」からできるところまで10分以内で模擬授業を行ってください。その際，「導入1」に関しては，本文と関連のある内容を取り扱うこと。

〈英語コミュニケーションⅠ学習指導案〉

単元　"It's Always Sunny in Space!"

1　実施日　令和4年10月7日(金)

2　指導ホームルーム　1年1組

3　本時の目標

　聞いたり読んだりしたことを基に，情報や考え，気持ちなどを理由や根拠とともに話して伝えることができる。

4　展開

	学習活動	指導上の留意点	具体の評価規準
導入 5分	1 ウォームアップ 2 本時の学習内容や目標を理解する。		
展開 40分	3 本文の内容に関連する画像を見ながら，オーラル・イントロダクションを聞いて，概要を理解する。 4 題材に関して知っていることを，クラス全体で共有する。 5 語句の使い方，発音を確認する。 6 本文の音声を聞きながら，Summary Chartに記入し，要点を理解する。 7 単語の発音，リズム，イントネーションに注意しながら，ペアで本文のフレーズ読みを練習する。 8 意見や感想を話すために必要な表現を練習する。 9 グループになって，1人ずつ，本文の口頭要約を行うとともに，内容について考えや気持ちを伝え合う。		
まとめ 5分	10 本時の目標をどの程度達成できたか振り返り，次時の予告を聞く。		

□別に示した英文について，50分の授業を想定し，「導入」からでき
　るところまで10分以内で模擬授業を行ってください。その際，「導
　入1」に関しては，本文と関連のある内容を取り扱うこと。

〈英語コミュニケーションⅠ学習指導案〉

単元　"The Power of Mushrooms"

1　実施日　令和4年10月7日(金)

2　指導ホームルーム　1年1組

3　本時の目標

　　聞いたり読んだりしたことを基に，情報や考え，気持ちなどを理由
　や根拠とともに話して伝えることができる。

4　展開

	学習活動	指導上の留意点	具体の評価規準
導入 5分	1 ウォームアップ 2 本時の学習内容や目標を理解する。		
展開 40分	3 本文の内容に関連する画像を見ながら，オーラル・イントロダクションを聞いて，概要を理解する。 4 題材に関して知っていることを，クラス全体で共有する。 5 語句の使い方，発音を確認する。 6 本文の音声を聞きながら，Summary Chartに記入し，要点を理解する。 7 単語の発音，リズム，イントネーションに注意しながら，ペアで本文のフレーズ読みを練習する。 8 意見や感想を話すために必要な表現を練習する。 9 グループになって，1人ずつ，本文の口頭要約を行うとともに，内容について考えや気持ちを伝え合う。		
まとめ 5分	10 本時の目標をどの程度達成できたか振り返り，次時の予告を聞く。		

□別に示した英文について，50分の授業を想定し，「導入」からできるところまで10分以内で模擬授業を行ってください，その際，「導入1」に関しては，本文と関連のある内容を取り扱うこと。

〈英語コミュニケーションⅠ学習指導案〉

単元 "Purifying Powder"

1 実施日 令和4年10月7日(金)

2 指導ホームルーム 1年1組

3 本時の目標

　聞いたり読んだりしたことを基に，情報や考え，気持ちなどを理由や根拠とともに話して伝えることができる。

4 展開

	学習活動	指導上の留意点	具体の評価規準
導入 5分	1 ウォームアップ 2 本時の学習内容や目標を理解する。		
展開 40分	3 本文の内容に関連する画像を見ながら，オーラル・イントロダクションを聞いて，概要を理解する。 4 題材に関して知っていることを，クラス全体で共有する。 5 語句の使い方，発音を確認する。 6 本文の音声を聞きながら，Summary Chartに記入し，要点を理解する。 7 単語の発音，リズム，イントネーションに注意しながら，ペアで本文のフレーズ読みを練習する。 8 意見や感想を話すために必要な表現を練習する。 9 グループになって，1人ずつ，本文の口頭要約を行うとともに，内容について考えや気持ちを伝え合う。		
まとめ 5分	10 本時の目標をどの程度達成できたか振り返り，次時の予告を聞く。		

□別に示した英文について，50分の授業を想定し，「導入」からできるところまで10分以内で模擬授業を行ってください，その際，「導入1」に関しては，本文と関連のある内容を取り扱うこと。

〈英語コミュニケーションⅠ学習指導案〉

単元　"The Lifestyle to Health"

1　実施日　令和4年10月7日(金)

2　指導ホームルーム　1年1組

3　本時の目標

　聞いたり読んだりしたことを基に，情報や考え，気持ちなどを理由や根拠とともに話して伝えることができる。

4　展開

	学習活動	指導上の留意点	具体の評価規準
導入 5分	1 ウォームアップ 2 本時の学習内容や目標を理解する。		
展開 40分	3 本文の内容に関連する画像を見ながら，オーラル・イントロダクションを聞いて，概要を理解する。 4 題材に関して知っていることを，クラス全体で共有する。 5 語句の使い方，発音を確認する。 6 本文の音声を聞きながら，Summary Chartに記入し，要点を理解する。 7 単語の発音，リズム，イントネーションに注意しながら，ペアで本文のフレーズ読みを練習する。 8 意見や感想を話すために必要な表現を練習する。 9 グループになって，1人ずつ，本文の口頭要約を行うとともに，内容について考えや気持ちを伝え合う。		
まとめ 5分	10 本時の目標をどの程度達成できたか振り返り，次時の予告を聞く。		

□別に示した英文について，50分の授業を想定し，「導入」からでき
るところまで10分以内で模擬授業を行ってください，その際，「導
入1」に関しては，本文と関連のある内容を取り扱うこと。

〈英語コミュニケーションⅠ学習指導案〉

単元　"Our Feline Friends"

1　実施日　令和4年10月7日(金)

2　指導ホームルーム　1年1組

3　本時の目標

　聞いたり読んだりしたことを基に，情報や考え，気持ちなどを理由
や根拠とともに話して伝えることができる。

4　展開

	学習活動	指導上の留意点	具体の評価規準
導入 5分	1 ウォームアップ 2 本時の学習内容や目標を理解する。		
展開 40分	3 本文の内容に関連する画像を見ながら，オーラル・イントロダクションを聞いて，概要を理解する。 4 題材に関して知っていることを，クラス全体で共有する。 5 語句の使い方，発音を確認する。 6 本文の音声を聞きながら，Summary Chartに記入し，要点を理解する。 7 単語の発音，リズム，イントネーションに注意しながら，ペアで本文のフレーズ読みを練習する。 8 意見や感想を話すために必要な表現を練習する。 9 グループになって，1人ずつ，本文の口頭要約を行うとともに，内容について考えや気持ちを伝え合う。		
まとめ 5分	10 本時の目標をどの程度達成できたか振り返り，次時の予告を聞く。		

□別に示した英文について，50分の授業を想定し，「導入」からできるところまで10分以内で模擬授業を行ってください，その際，「導入1」に関しては，本文と関連のある内容を取り扱うこと。

〈英語コミュニケーションⅠ学習指導案〉

単元　"Can You Read Faces?"

1　実施日　令和4年10月7日(金)

2　指導ホームルーム　1年1組

3　本時の目標

聞いたり読んだりしたことを基に，情報や考え，気持ちなどを理由や根拠とともに話して伝えることができる。

4　展開

	学習活動	指導上の留意点	具体の評価規準
導入 5分	1 ウォームアップ 2 本時の学習内容や目標を理解する。		
展開 40分	3 本文の内容に関連する画像を見ながら，オーラル・イントロダクションを聞いて，概要を理解する。 4 題材に関して知っていることを，クラス全体で共有する。 5 語句の使い方，発音を確認する。 6 本文の音声を聞きながら，Summary Chartに記入し，要点を理解する。 7 単語の発音，リズム，イントネーションに注意しながら，ペアで本文のフレーズ読みを練習する。 8 意見や感想を話すために必要な表現を練習する。 9 グループになって，1人ずつ，本文の口頭要約を行うとともに，内容について考えや気持ちを伝え合う。		
まとめ 5分	10 本時の目標をどの程度達成できたか振り返り，次時の予告を聞く。		

□別に示した英文について，50分の授業を想定し，「導入」からでき
るところまで10分以内で模擬授業を行ってください，その際，「導
入1」に関しては，本文と関連のある内容を取り扱うこと。

〈英語コミュニケーションⅠ学習指導案〉

単元 "Our Desire to Fly"

1 実施日　令和4年10月7日(金)

2 指導ホームルーム　1年1組

3 本時の目標

　聞いたり読んだりしたことを基に，情報や考え，気持ちなどを理由
や根拠とともに話して伝えることができる。

4 展開

	学習活動	指導上の留意点	具体の評価規準
導入 5分	1 ウォームアップ 2 本時の学習内容や目標を理解する。		
展開 40分	3 本文の内容に関連する画像を見ながら，オーラル・イントロダクションを聞いて，概要を理解する。 4 題材に関して知っていることを，クラス全体で共有する。 5 語句の使い方，発音を確認する。 6 本文の音声を聞きながら，Summary Chartに記入し，要点を理解する。 7 単語の発音，リズム，イントネーションに注意しながら，ペアで本文のフレーズ読みを練習する。 8 意見や感想を話すために必要な表現を練習する。 9 グループになって，1人ずつ，本文の口頭要約を行うとともに，内容について考えや気持ちを伝え合う。		
まとめ 5分	10 本時の目標をどの程度達成できたか振り返り，次時の予告を聞く。		

▼高校家庭

□別に示した教材(資料)について，50分の授業を行います。「展開4」
　の模擬授業をできるところまで，10分以内で行ってください。その
　際，要点をホワイトボードに板書しながら説明すること。

〈家庭基礎指導案〉

単元　高齢者とかかわる

1　実施日　令和4年○○月△△日

2　指導ホームルーム　□年◇組

3　本時の目標

　高齢者の心身の特徴について，高齢者疑似体験などを通して体験的
に理解するとともに，高齢者の自立生活を支えるために，自分や社会
ができることについて考察する。

4　展開

	学習活動	指導上の留意点	具体の評価規準
導入 5分	1　本時の学習目標を確認する。		
展開 40分	2　加齢に伴う心身の変化について知る。 3　高齢者疑似体験を行う。 4　高齢者の生活の課題を考えるとともに，その改善案や高齢者との関わり方について考えをまとめる。		
まとめ 5分	5　本時のまとめを聞く。		

▼高校情報

□「シミュレーション」について，50分の授業を行います。「展開4」
の模擬授業をできるところまで，10分以内で行ってください。その
際，生徒が理解しやすくなるように，「乱数を使うシミュレーショ
ン」について，ホワイトボードに図示(板書)しながら説明すること。

〈情報Ⅰ　学習指導案〉

単元　「モデル化とシミュレーション」

1　実施日　令和4年○○月△△日

2　指導ホームルーム　□年◇組

3　本時の目標

　「シミュレーション」について理解し，適切な解決方法を発見した
り選択したりする。

4　展開

	学習活動	指導上の留意点	具体の評価規準
導入 5分	1　本時のねらいを聞く。		
展開 40分	2　「シミュレーションの定義」について学習する。 3　「実物モデルを利用したシミュレーション」と「論理モデルのシミュレーションの例」について実習を交えて学習する。 4　「乱数を使うシミュレーション」について実習を交えて学習する。 5　「待ち行列」について実習を交えて学習する。		
まとめ 5分	6　本時のまとめを聞く。		

□「データの収集，整理，分析」について，50分の授業を行います。「展開5」の模擬授業をできるところまで，10分以内で行ってください。その際，生徒が理解しやすくなるように，「テキストマイニング」について，ホワイトボードに図示(板書)しながら説明すること。

〈情報Ⅰ　学習指導案〉

単元　「データを収集，整理，分析する方法」

1　実施日　令和4年〇〇月△△日

2　指導ホームルーム　□年◇組

3　本時の目標

「データの収集，整理，分析する方法」について理解し，データを問題の発見・解決に活用する。

4　展開

	学習活動	指導上の留意点	具体の評価規準
導入 5分	1　本時のねらいを聞く。		
展開 40分	2　「ICTを活用した問題解決」について学習する。 3　「データの収集」と「データの結合」について実習を交えて学習する。 4　「数値データの整理」について実習を交えて学習する。 5　「文字データ・画像データの整理」について実習を交えて学習する。		
まとめ 5分	6　本時のまとめを聞く。		

▼高校農業

□作物の繁殖と育種について，50分の授業を行います。「展開3」の模擬授業をできるところまで，10分以内で行ってください。その際，生徒が理解しやすくなるように，栄養器官による繁殖について，ホワイトボードを用い，できるだけ丁寧に説明すること。

〈農業と環境　学習指導案〉

単元　作物の繁殖と育種

1　実施日　令和4年○○月△△日

2　指導ホームルーム　□年◇組

3　本時の目標

　作物の繁殖や増殖について理解するとともに，栽培の目的や作物の種類に応じた繁殖技術と関連づけ，育種の必要性について理解する。

4　展開

	学習活動	指導上の留意点	具体の評価規準
導入 5分	1　本時のねらいを聞く。		
展開 40分	2　種子による繁殖について学習する。		
	3　栄養器官による繁殖について学習する。		
	4　組織培養による増殖について学習する。		
	5　種苗産業と農業利用について学習する。		
まとめ 5分	6　本時のまとめを聞く。		

300

▼高校工業

□機械に働く力について，50分の授業を行います。「展開3」の模擬授
　業をできるところまで，10分以内で行ってください。その際，生徒
　が理解しやすくなるように，力の表しかたについて，ホワイトボー
　ドに図示(板書)しながら説明すること。

〈機械設計　学習指導案〉

単元　機械に働く力

1　実施日　令和4年8月5日(金)

2　指導ホームルーム　1年5組

3　本時の目標

　力にはどのような性質があるのか理解する。力の表しかたや力の合
成と分解について理解する。

4　展開

	学習活動	指導上の留意点	具体の評価規準
導入 5分	1　本時のねらいを聞く。		
展開 40分	2　力について学習する。 3　力の表しかたについて学習する。 4　力の合成と分解について学習する。 5　作図による力の合成について学習する。 6　問1を解く		
まとめ 5分	7　本時の学習を振り返る。		

□電力と電力量について，50分の授業を行います。「展開2」の模擬授
　業をできるところまで，10分以内で行ってください。その際，生徒
　が理解しやすくなるように，電力について，ホワイトボードに図示
　(板書)しながら説明すること。

〈電気回路　学習指導案〉

単元　電力と熱

1　実施日　令和4年8月5日(金)

2　指導ホームルーム　1年5組

3　本時の目標

　電力と電力量について理解する。電力について電流や抵抗の計算が
でき，電力量の計算ができる。

4　展開

	学習活動	指導上の留意点	具体の評価規準
導入 5分	1　本時のねらいを聞く。		
展開 40分	2　電力について学習する。 3　例題4を通して電力について学習し，問5・6を解く。 4　例題5を通して電力について学習し，問7を解く。 5　電力量について学習する。 6　例題6を通して電力量について学習する。		
まとめ 5分	7　本時の学習を振り返る。		

□住空間の考え方の概要について，50分の授業を行います。「展開5」
の模擬授業をできるところまで，10分以内で行ってください。その
際，生徒が理解しやすくなるように，地震や台風に強い木造住宅に
ついて，ホワイトボードに図示(板書)しながら説明すること。

〈工業技術基礎　学習指導案〉

単元　住宅について学ぼう

1　実施日　令和4年8月5日(金)

2　指導ホームルーム　1年5組

3　本時の目標

　小家庭用の住宅の計画を取り上げ，住宅の配置計画と平面計画の基
礎知識について理解するとともに，災害に強い木造住宅について理解
する。

4　展開

	学習活動	指導上の留意点	具体の評価規準
導入 5分	1　本時のねらいを聞く。		
展開 40分	2　住宅の配置計画について学習する。 3　住宅の平面計画について学習する。 4　住宅計画に求められる視点について学習する。 5　地震や台風に強い木造住宅について学習する。		
まとめ 5分	6　本時の学習を振り返る。		

□デザインの基礎知識について，50分の授業を行います。「展開2」の
　模擬授業をできるところまで，10分以内で行ってください。その際，
　生徒が理解しやすくなるように，デザインの分類について，ホワイ
　トボードに図示(板書)しながら説明すること。

〈工業技術基礎　学習指導案〉

単元　デザインについて学ぼう

1　実施日　令和4年8月5日(金)

2　指導ホームルーム　1年5組

3　本時の目標

　デザインの分類や造形の秩序について理解する。造形の秩序につい
ての発想を課題を通して理解を深める。

4　展開

	学習活動	指導上の留意点	具体の評価規準
導入 5分	1　本時のねらいを聞く。		
展開 40分	2　デザインの分類について学習する。 3　造形の秩序について学習する。 4　発想の練習について学習する。 5　発想の練習課題例についてグループで話し合う。 6　5について意見を発表する。		
まとめ 5分	7　本時の学習を振り返る。		

□単位と数理処理について，50分の授業を行います。「展開4」の模擬
授業をできるところまで，10分以内で行ってください。その際，生
徒が理解しやすくなるように，国際単位系(SI)について，ホワイト
ボードに図示(板書)しながら説明すること。

〈工業情報数理　学習指導案〉

単元　単位と数理処理

1　実施日　令和4年8月5日(金)

2　指導ホームルーム　1年5組

3　本時の目標

　工業に関する事象の数理処理において，単位の意味を理解し，国際
的に統一されて使われている単位について理解する。

4　展開

	学習活動	指導上の留意点	具体の評価規準
導入 5分	1　本時のねらいを聞く。		
展開 40分	2　量記号について学習する。 3　単位記号について学習する。 4　国際単位系(SI)について学習する。 5　例題3を学習し，練習問題3を解く。		
まとめ 5分	6　本時の学習を振り返る。		

□数値の表し方について，50分の授業を行います。「展開2」の模擬授業をできるところまで，10分以内で行ってください。その際，生徒が理解しやすくなるように，2進数と10進数について，ホワイトボードに図示(板書)しながら説明すること。

〈工業情報数理　学習指導案〉

単元　データの表し方

1　実施日　令和4年8月5日(金)

2　指導ホームルーム　1年5組

3　本時の目標

　　数値の表し方について，2進数や10進数について理解する。2進数から10進数へ10進数から2進数への変換ができる。

4　展開

	学習活動	指導上の留意点	具体の評価規準
導入 5分	1　本時のねらいを聞く。		
展開 40分	2　数の表し方について学習する。 3　2進数と10進数について学習する。 4　練習問題1を解く。		
まとめ 5分	5　本時の学習を振り返る。		

▼高校商業

□「論理的な思考の方法」について，50分の授業を行います。「展開2
及び3」についての模擬授業10分以内で行ってください。

〈商業科(ビジネス・コミュニケーション)学習指導案〉

単元　論理的な思考の方法

1　実施日　令和4年8月○○日

2　指導ホームルーム　2年○組

3　本時の目標

　情報の信頼性と妥当性について確認し，有用な情報を見極められる
ようにする。

4　展開

		学習活動	指導上の留意点	具体の評価規準
導入	1	本時のねらいを聞く。		
展 開	2	情報の信頼性について，学習する。		
	3	情報の妥当性について，学習する。		
	4	有用な情報について，学習する。		
	5	クリティカル・シンキングについて，学習する。		
まとめ	6	本時のまとめを聞く。		

▼高校看護

□別に示した教材(資料)について，50分の授業を行います。「展開2」
の模擬授業をできるところまで，10分以内で行ってください。その
際，要点をホワイトボードに板書しながら説明すること。

〈基礎看護　学習指導案〉

単元　感染予防　(教材)手洗い

1　実施日　令和4年○○月△△日

2　指導ホームルーム　□年◇組

3　本時の目標

手洗いの目的について理解するとともに，その技術を身に付ける。

4　展開

	学習活動	指導上の留意点	具体の評価規準
導入 5分	1　本時のねらいを聞く。		
展開 40分	2　手洗いの種類とその方法について知る。 3　2人1組になり，交代で衛生的手指消毒を行う。 4　お互いの衛生的手指消毒について意見を交換する。		
まとめ 5分	5　本時のまとめを聞く。		

▼特別支援

□視覚障がいのある生徒を対象にした特別支援学校中学部2年生2名の
　クラスです。

　　生徒A：遠距離視力0.1　近距離視力0.15　最大視認力0.5
　　生徒B：遠距離視力0.09　近距離視力0.1　最大視認力0.3

　2名とも，単眼鏡や弱視近用ルーペを使用し，学年相応の教科学習
をしています。総合的な学習の時間の学習で，題材「働くってどうい
うこと？わたしの職場体験」として，ドラッグストアでの職場体験の
事前学習について，50分の授業を行います。「展開4」の模擬授業をで
きるところまで，7分以内で行ってください。その際，「ドラッグスト
アの方への事前インタビュー」を参考にすること。

〈総合的な学習の時間　学習指導案〉

題材　働くってどういうこと？わたしの職場体験

1　実施日　令和4年9月15日

2　指導ホームルーム　中学部2年1組

3　本時の目標

4　展開

	学習活動	指導上の留意点	具体の評価規準
導入 5分	1　本時のねらい を聞く。		
展開 40分	2　職場体験での 体験内容（商品 の陳列及び整理， 野菜の袋詰め） を知る。 3　従業員の方へ の事前インタビ ューをもとに， 働く人の思いを 知る。 4　従業員のインタ ビューを受けて， 職場体験での， 自分なりの目標 や心がまえをお 互いに発表し合 う。 5　職場体験ワーク シートに，目標 を記入する。		
まとめ 5分	6　本時のまとめを 聞く。		

□聴覚支援学校，小学部3年生で45分の自立活動の授業を行います。
資料は「せつぶん　はこを作る」の文章の1部です。「展開2」から
できるところまで7分以内で模擬授業を行ってください。「展開3」
では，文章がどういう内容を表しているか，そのイメージを具体的
に持たせるように発問したり，話し合わせたりして進めてください。

※対象児童は，全員両耳とも重度難聴である。全員が片耳に人工内耳
を装用している。装用時の聴力レベルは，20dB～30dB程度である
ものとする。特に他の併せ持つ障がいはないこととする。

〈自立活動　学習指導案〉

題材　せつぶん　はこを　作る

1　実施日　令和5年○○月△△日

2　指導学年　小学部　3年　3名

3　本時の目標

　本文と挿絵や図を結んで，どんな作業をしたらよいかを読み取る。

4　展開

	学習活動	指導上の留意点	具体の評価規準
導入 5分	1　本時のねらいを聞く。		
展開 35分	2　挿絵を見てどんな作業をしたらよいかを考える。		
	3　文章を読み取る。		
	3　読み取ったことを挿絵で確かめる。		
	4　読み取ったとおりに箱を作る。		
まとめ 5分	6　本時のまとめを聞く。		

□次の指導案で生活単元学習の授業を行います。前時に教員と一緒に
　おにぎりを作る練習をしており，本時は2時間目です。次時に他の
　クラスを招待しておにぎりパーティーを開く予定です。米はすでに
　炊けています。「展開4」からの模擬授業をできるところまで，7分
　以内で行ってください。その際，「できる状況づくり」を踏まえて
　支援や工夫を行ってください。

〈生活単元学習　学習指導案〉

単元　おにぎりパーティーを開こう

1　実施日　令和4年11月18日

2　指導学級

　特別支援学校(知的障がい)小学部6年生4名

　(4名のうち2名は自閉症を併せ有している。)

3　本時の目標

　　・手順書を見ながら調理をすることができる。(A児・B児・C児・D
　　　児)

　　・道具の準備や片付けができる。(A児・B児・C児・D児)

　　・困った時に質問することができる。(A児)

4 展開

	学習活動	指導上の留意点	具体の評価規準
導入 5分	1 始まりのあいさつをする。 2 今日の活動内容を確認する。		
展開 30分	3 身支度をする。 4 道具や材料の準備をする。 5 おにぎりを作る。 (1)ラップを広げる。 (2)1個分のご飯をラップにのせる。 (3)具を入れる。 (4)三角の形に整える。 6 おにぎりを食べる。 7 道具の片付けをする。		
まとめ 5分	8 本時のまとめをする。 9 終わりのあいさつをする。		

□次の指導案で自立活動の授業を行います。「導入3～」の模擬授業をできるところまで，7分以内で行ってください。その際，児童が活動しやすいような支援について考え実施してください。

(主な準備物に書かれていない教材教具，支援機器を使用してもかまいません)

〈自立活動 学習指導案〉

題材名 「触って感じよう」

1 実施日 令和4年6月1日(水)

2 指導学級

特別支援学校(肢体不自由)

小学部　1・2年生　3名

3名とも中等度の知的障がいを有し，A児は右片麻痺があるが歩行可能。B児は短下肢装具をつけており，てんかん発作あり。C児は脳性麻痺で車椅子を使用。3名とも利き手で補助具のついたスプーン等を自分で持ったりすることができる。

3　本時の目標

　・教員や友達に注目することができる。

　・教員の支援を受けながらスライムを作り，感触を楽しむことができる。

4　展開

	学習活動	指導上の留意点	具体の評価規準
導入 10分	1　はじまりのあいさつをする。 2　出席 ・教員とハイタッチをする。 3　本時の学習内容を知る。		
展開 20分	4　スライムを作ろう 1）ボウルに片栗粉を入れる。 2）水を少しずつ加え，手で混ぜる。 3）好きな色の食紅を少量加え，手で混ぜる。 4）固まったスライムを手で揉みながら，感触を楽しむ。		
まとめ 5分	5　手洗い 6　ふり返り 7　終わりのあいさつをする。		

〈主な準備物〉

　・ホワイトボード　・スケジュールカード

　・ボウル　　　　　・スライムの材料(片栗粉，水，食紅)

□次の指導案で音楽科の授業を行います。「導入3〜」の模擬授業をで
きるところまで，7分以内で行ってください。その際，児童が活動
しやすいような支援について考え実施してください。

(主な準備物に書かれていない教材教具，支援機器を使用してもか
まいません)

〈音楽科　学習指導案〉

題材　「みんなでならそう」

1　実施日　令和4年7月14日(木)

2　指導学級

　特別支援学校(知的障がい)

　小学部　5・6年生　5名

　(5名のうち，4名は自閉症を併せ有する)

3　本時の目標

　・視覚的支援や言葉かけ等の支援を手がかりにして，活動に参加す
　　ることができる。

　・リズム譜や指差しの支援を手がかりにして，グロッケンを使い，
　　曲の一部分を演奏することができる。

4　展開

	学習活動	指導上の留意点	具体の評価規準
導入 5分	1　はじまりのあいさつをする。 2　出席 ・前に出る。 ・マラカスを振る。 3　本時の学習内容を知る。		
展開 30分	4　まねっこをしよう ・教員が鳴らす楽器やリズムを模倣して鳴らす。 5　楽器を鳴らそう（グロッケン） ・リズム譜を見て対応する音を鳴らす。 6　リクエストをしよう ・聞きたい曲を選んで、教員に伝える。		
まとめ 5分	7　本時の振り返り ・自分の頑張ったことを発表する 8　終わりのあいさつをする。		

314

〈主な準備物〉

・ホワイトボード　　・マラカス

・スケジュールカード　・グロッケン

・イラストカード　　・ピアノ

・iPad　　　　　　・リズム譜

・TV　　　　　　　・打楽器数種類

□次の学習指導案で生活単元学習の授業を行います。「導入2」からは
　じめ，模擬授業をできるところまで，7分以内で行ってください。
　その際，生徒が活動しやすいような支援について考え，実施してく
　ださい。

〈生活単元学習　学習指導案〉

単元名　「スマホ・ケータイ安全教室　～導入編～」

1　実施日　令和4年9月15日

2　指導学級

　特別支援学校(肢体不自由)高等部3年4名

　(4名とも脳性麻痺で軽度の知的障がいを有する。うち2名は，車椅子
を使用。2名は右方麻痺はあるが歩行可能。)

3　本時の目標

　(1)　自分の意見や考えを発表することができる。

　(2)　学級の友だちと協力して，調べたり，ワークシートにまとめた
　　　りすることができる。

4 展開

	学習活動	指導上の留意点	具体の評価規準
導入	1 始まりの挨拶をする。 2 本時の学習の流れを知る。		
展開	3 スマホや携帯電話を使うとどんなことができるか考え，発表する。 4 スマホや携帯電話を使う時に気を付けることを二人組で調べ，ワークシートにまとめる。 5 グループごとに調べたことを発表する。		
まとめ	6 本時の学習を振り返る。 7 次時の予定を確認する。 8 終わりの挨拶をする。		

□次の学習指導案で生活単元学習の授業を行います。「展開3」からはじめ，模擬授業をできるところまで，7分以内で行ってください。その際，生徒の理解が深まるように，言葉だけでの指示や説明だけでなく，ホワイトボードを用いたり，その他の視覚支援ツールを想定したりして，生徒が見通しをもって取り組めるように工夫しながら実施してください。

〈生活単元学習 学習指導案〉

単元名 「みんなでゲームをしよう！トランプゲーム神経衰弱 編」

2 指導学級

特別支援学校(知的障がい)中学部1年5名

(5名のうち3名は自閉症を併せ有する。)

3 本時の目標

(1) 自分の役割がわかり，協力してゲームの準備や片付けができる。

(2) ゲームのルールを理解し，ルールを守ってゲームができる。

4 展開

	学習活動	指導上の留意点	具体の評価規準
導入	1 始まりの挨拶をする。 2 本時の学習の流れを知る。		
展開	3 ゲームのルールを確認する。 4 準備をする。 5 順番を決める。 6 トランプゲームをする。 7 片付けをする。		
まとめ	8 本時の学習を振り返る。 9 次時の予定を確認する。 10 終わりの挨拶をする。		

□次の学習指導案で自立活動の授業を行います。「導入2」からはじめ，模擬授業をできるところまで，7分以内で行ってください。その際，生徒の理解が深まるように，言葉だけでの指示や説明だけでなく，ホワイトボードを用いたり，その他の視覚支援ツールを想定したりして，生徒が見通しをもって取り組めるように工夫しながら実施し

てください。

〈自立活動　学習指導案〉

題材名　状況に応じたコミュニケーションの仕方を学ぼう

1　実施日　令和4年10月25日

2　指導学級

特別支援学校(知的障がい)中学部3年6名

(6名のうち3名は自閉症を併せ有する。)

3　本時の目標

(1)　設定場面での適切なコミュニケーションの仕方を考え，発表することができる。

(2)　適切なコミュニケーションの仕方のポイントをおさえてロールプレイを行うことができる。

4　展開

	学習活動	指導上の留意点	具体の評価規準
導入	1　始まりの挨拶をする。 2　本時の学習の流れを知る。		
展開	3　教員が設定した場面で適切なコミュニケーションの仕方を考える。 4　適切なコミュニケーションの仕方についてのポイントをワークシートに記入する。 5　設定場面での適切なコミュニケーションについてロールプレイを行う。		
まとめ	6　本時の学習を振り返る。 7　終わりの挨拶をする。		

318

□次の学習指導案で国語科の授業を行います。「導入2」からはじめ，
　模擬授業をできるところまで，7分以内で行ってください。その際，
　生徒の理解が深まるように，言葉だけでの指示や説明だけでなく，
　ホワイトボードを用いたり，iPadを活用したりしながら実施してく
　ださい。

〈国語科　学習指導案〉

単元名　修学旅行の思い出をまとめよう

1　実施日　令和4年12月6日

2　指導学級

　特別支援学校(肢体不自由)高等部2年4名

　(4名とも脳性麻痺で知的障がいを有する。うち3名は，車椅子を使用。
1名は右片麻痺はあるが歩行可能。)

3　本時の目標

　(1)　楽しかったことや印象に残ったことを選ぶことができる。

　(2)　修学旅行の思い出等をiPadを使ってまとめることができる。

4　展開

	学習活動	指導上の留意点	具体の評価規準
導入	1　始まりの挨拶をする。 2　本時の学習の流れを知る。		
展開	3　iPadを使って修学旅行を振り返る。 4　楽しかった思い出や印象に残ったことなどをiPadを使ってワークシートにまとめる。		
まとめ	5　本時の学習を振り返る。 6　終わりの挨拶をする。		

□次の学習指導案で数学科の授業を行います。「展開3」からはじめ，模擬授業をできるところまで，7分以内で行ってください。その際，生徒の理解が深まるように，言葉だけでの指示や説明だけでなく，ホワイトボードを用いたり，情報機器を活用したりしながら実施してください。

〈数学科　学習指導案〉

単元名　収穫したスイカの大きさを比べよう

1　実施日　令和4年7月19日

2　指導学級

特別支援学校(肢体不自由)中学部3年3名

(3名とも脳性麻痺で，軽度の知的障がいを併せ有する。うち2名は，車椅子を利用している。)

3　本時の目標

(1)　適切な計器を使って，スイカの大きさを測ることができる。

(2)　スイカの高さや幅，周囲の長さを測り，測定結果を根拠にどのスイカが一番大きいかを説明することができる。

4　展開

	学習活動	指導上の留意点	具体の評価規準
導入	1　始まりの挨拶をする。 2　本時の学習の流れを確認する。		
展開	3　適切な計器を使って，スイカの高さや幅，周囲を測定する。 4　測定した結果について，タブレットを活用し，表にしてまとめる。 5　測定した結果を活用し，どのスイカが一番大きいかを説明する。		
まとめ	6　本時の学習を振り返る。 7　終わりの挨拶をする。		

□次の学習指導案で職業の授業を行います。「展開3」からはじめ，模
擬授業をできるところまで，7分以内で行ってください。その際，
生徒の理解が深まるように，言葉だけでの指示や説明だけでなく，
ホワイトボードを用いたり，その他の視覚支援ツール等を想定した
りしながら実施してください。

〈職業科　学習指導案〉
単元名　職場への連絡方法を学ぼう

1　実施日　令和4年10月20日
2　指導学級
　　特別支援学校(知的障がい)高等部1年5名
　　(5名のうち2名は自閉症を併せ有する。)
3　本時の目標
　(1)　職場への連絡が必要な場面を考えて，発表することができる。
　(2)　ロールプレイをとおして，電話のかけ方や用件の伝え方を身に
　　　付けることができる。
4　展開

	学習活動	指導上の留意点	具体の評価規準
導入	1　始まりの挨拶をする。 2　本時の学習の流れを確認する。		
展開	3　職場への連絡が必要な場面を考えて，発表する。 4　職場への基本的な連絡方法について，教師による手本を見たり，説明を聞いたりする。 5　職場に電話をするロールプレイを行い，電話のかけ方や用件の伝え方を練習する。		
まとめ	6　本時の学習を振り返る。 7　終わりの挨拶をする。		

▼養護教諭

□あなたは小学校の養護教諭です。2年生の男子児童が，昼休みに
「ジャングルジムで遊んでいて落ちた」と，同じ学級の児童と2人で
保健室に来室しました。膝に擦過傷があり，頭部を押さえています。
あなたは養護教諭として，どのように対応しますか。

□あなたは中規模校の中学校の養護教諭です。体調が悪いわけでもな
いのに，休み時間に3〜4人で来室し，長机の所でおしゃべりをして
いる生徒がいます。あなたはどのように対応しますか。

□あなたは小学校の養護教諭です。特別支援学級担任から，「在籍す
る児童の保護者から，てんかんの発作が起きたときに，座薬を使っ
て欲しいと言われたがどうしたらよいか。」と相談がありました。
本児童は，てんかんの発作があります。養護教諭としてどのように
対応しますか。

▼栄養教諭

□食物アレルギー対応のため，保護者と面談をしています。提出のあ
った「学校生活管理指導表」には『混入不可』の欄に医師のチェッ
クが入っていますが，保護者は「家でも少し食べているので，給食
でも食べさせてほしい」と言っています。あなたは，どのように対
応しますか。

□この日の献立は，「中華丼，牛乳，揚げぎょうざ，パックヨーグル
ト」です。調理が終わった11時45分ごろ，片付けをしていた調理員
から，今日使用したスライサーの刃が欠けているとの報告を受けま
した。あなたは，どのように対応しますか。

◆個人面接(2次審査)
※模擬授業に引き続き個人面接を行う(場面指導を含む)。

〈実施方法〉

○小・中学校，養護教諭，栄養教諭

① 確認事項と自己推薦書についての確認(2分程度：進行)

② 教育観，教育的識見等についての質問(5分程度：民間人・教育委員)

③ 場面設定をしての質問(場面説明1分，質問5分→6分程度：副主任)

④ 総合的な質問(教育観，教育的識見，志願書等から)(5分程度：主任)

○高等学校教諭，特別支援学校教諭

① 模擬授業，教科指導について質問をする。(指導主事)

② 志願書・自己推薦書等について確認や質問をする。(副主任)

③ 人間性・社会性等について質問をする。(民間面接官・教育委員等)

④ 場面設定のなかで質問をする。(管理主事)

⑤ 教育観等について質問をする。(主任)

※面接においては，より広く深く人物を見るように，再問もする。

〈評価のポイント〉

項　目	内　容	観　点
素　養	■使命感・情熱・たくましさ ■倫理観 ■人権尊重の精神 ■識見・学び続ける力 ■社会性・コミュニケーション力	□表情が穏やかで落ち着きがあり，礼儀正しいか。 □社会性があり，コミュニケーション能力が備わっているか。 □教師としての情熱が感じられるか。 □社会常識や人権感覚が備わっているか。 □積極的に参加しようとする意欲が感じられるか。 □相手にわかりやすく自分の考えを伝えることができているか。
担任力	■児童生徒理解・指導力 ■集団づくり力 ■課題解決力 ■未来ビジョン育成力 ■特別な配慮を要する児童生徒への理解・支援力	□児童生徒理解の意義を理解しているか。 □生徒指導や教育相談等の基本的な方法が身についているか。 □学級経営の基本的な指導方法を理解しているか。 □学級内で起こりうる課題の解決に積極的に取り組もうとしているか。 □特別な配慮を要する児童生徒への支援の視点を持っているか。
協働力	■組織マネジメント力 ■危機管理力 ■家庭・地域とのネットワーク構築力	□組織の一員として，自分の役割を理解し，協働して責任を果たそうとしているか。 □周囲と協力しあうことができ，円滑な人間関係を築いていけるか。 □ものの見方，考え方に独断的なところはないか。 □知識や発想が豊かで，建設的な意見が述べられているか。 □危機管理の重要性を理解しているか。 □家庭や地域との連携の重要性を理解しているか。

▼小学校　面接官5人　25分

□併願の有無。

□信用失墜行為等の有無。

□教員の不祥事を防ぐには。

　　→起こさないためにあなた自身は何をするか。

□最近気になっている出来事。

　　→どうして気になるのか。

　　→教員として地域貢献するために何をするか。

□保護者からの信頼を得るにはどうするか。

　　→どんなふうに保護者に寄り添うのか。

□特別支援教育をどのように行っていくか。

　　→対応をとる中で，なにか困ったことがあればどうするか。

□ボランティアで子どもと接して，イメージ通りだったことやイメージとは違ったことは何か。

【場面指導課題】

□最近まで仲良くしていたBくん，Cくんと仲が悪くなっているようだとAくんの保護者から相談を受けた。

　　→まずは，BくんとCくんから話を聞くと思うが，2人同時に聞くか，別々に聞くか。

　　→その理由は。

　　→子どもたちは先生の前で嘘をつくと思うか。

【模擬授業に関する質問内容】

□うまくいったところ，いかなかったところは。

□ICTを使うメリット，デメリット。

□どんなめあてとまとめなのか。

□まとめまでの活動はどんなものか。

□板書に図と示したところに，図はいくつ書くのか。

▼小学校　面接官5人　20分

□併願の有無。

□教員の不祥事について。

□学生時代頑張ったことは。

・自分が答えたことから質問がどんどん派生していく。

【場面指導課題】

□クラスの中に夏休み明けてから3日間学校に来れていない児童Aがいる。どう対応するか。

　　→原因は何か。

　　→家庭訪問のときに何に気をつけるか。

▼中学英語　面接官5人　25分

【質問内容】

□「教員の不祥事」についてどう思うか。

□ICT機器をどう活用するか。

□単語が覚えられない生徒にどう教えるか。

□教員は部活動指導もあり，忙しいが大丈夫か。

□文法は英語で教えるのか。

【場面指導課題】

□休み時間に生徒に注意したら「他の子もしていたのに私だけ注意するのは不公平だ」と言われた。あなたならどうするか。

　　→宿題をやってこない生徒にはどう対応するか。

　　→「先生の授業わからん」と生徒に言われたらどう対応するか。

2022年度

令和4年度の主な変更点

○審査内容の変更

　現状は(1次審査)集団面接，(2次審査)論文審査，変更後は(1次審査)論文審査，(2次審査)集団面接

・1次審査は上記の他に筆記審査(教養・専門)並びに中学校教諭・高等学校教諭の実技(音・美・保体・書)審査を行う

・2次審査は，上記の他に小学校実技(体育・音楽の選択，英語)，模擬授業・個人面接を実施する

○1次審査(専門審査)の時間短縮及び問題数を削減

・1次審査の時間を90分から80分に，中学校教諭・高等学校教諭「英語」は60分に短縮する

○小学校教諭2次審査における水泳実技審査を廃止

◆実技審査(2次試験)

　▼小学校教諭

【英語課題】

□世界に発信したい徳島のことを一つ取上げ，その紹介をする。

・話をする相手は，小学校6年生とする。

・紹介する時間は40秒程度とする。(45秒まで)

・紹介後に内容に関する質問に答える。(1～2問)

〈評価基準〉

		0	1	2
スピーチ	時間	20秒以下	20〜29秒 45秒を超える場合	30〜40秒 （45秒まで可）
	態度	動作・表情・声の大きさ・速さ・相手の目を見てなどが適切でない。	動作・表情・声の大きさ・速さ・相手の目を見てなどが適切である。	左の項目に加え、<u>児童によく分かるように</u>、動作や表情などを工夫している。
	内容	6年生に分かる表現で興味をひく内容（どちらもなし）	6年生に分かる表現で興味をひく内容（一つできている）	6年生に分かる表現で興味をひく内容（二つともできている）

		0	1	2	3	4
問答	内容と正確さ	質問の意味が分かっていないし，答えられない。	質問の意味が分かっていないが，何かしら英語を発している。	質問の意味が分かっていて，単語で答えている。	質問の意味が分かっていて，文で答えている。	質問の意味が分かっていて，適切に受け答えができている。

・スピーチを6点，問答を4点，計10点とする。
・採点用紙に点数を記入する。(必要に応じて審査メモを活用)

◆集団面接(2次試験)

〈目的〉

　受審者の人間性や社会性及び教師としての適性などを多面的に見ることにより，教員採用の審査資料とする。

〈班編成〉

(1)各班4〜5名で編成する。

(2)原則として同一教科で編成し，男女比を配慮する。

〈面接時間及び座席〉

各班22分程度

鳴門教育大学附属小学校会場

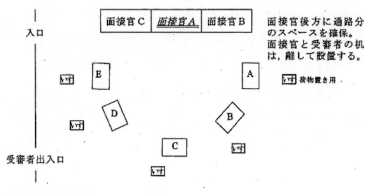

徳島県立総合教育センター会場

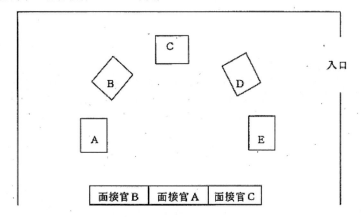

〈実施内容〉

　面接準備室でテーマを書いた用紙を配付し，考えをメモ(A4判)にまとめさせる。

(1)入室

　受審番号順に上図の形に着席，出欠の確認をし，受審要領を簡単に説明する。(1分)

(2)自由討議

　準備室で記入したメモをもとに，自由に討議を行わせる。(12分)

(ホワイトボードの活用は自由)

(3)補足質問

①事務局の面接官Bは，自由討議をもとに最終質問を行う。4分

②民間人面接官Aは，それぞれの視点からの質問を行う。4～5分

(4)進行及び評価

　進行は県教育委員会の事務局の面接官が行う。面接官は自由討議等や補足質問を通して受審者を観察し，評価する。

番号	テーマ
1	担任として，児童生徒の健全な成長を考えたとき，次の①②のどちらが，より保護者に支持されると考えますか。 ①：規則を守ることに置きを置く学級経営 ②：個々の自主性に置きを置く学級経営 各自どちらかを選び，理由を添えて意見を述べ，話し合いなさい。 また，最後にグループとしてどちらを選ぶか，結論も出しなさい。
2	担任として，学習発表会（文化祭）でのクラスの出し物を通して児童生徒を成長させたいと考えたとき，学習発表会（文化祭）でクラス全員で取り組む劇として，次の①②のどちらの劇に決めますか。 ①：浦島太郎 ②：桃太郎 各自どちらかを選び，理由を添えて意見を述べ，話し合いなさい。 また，最後にグループとしてどちらを選ぶか，結論も出しなさい。
3	担任として，児童生徒の学力の向上を図るための夏休みの宿題のあり方を考えたとき，次の①②のどちらをより多く課すべきだと考えますか。 ①：児童生徒の自主性に任せた宿題 ②：教員が内容を限定する宿題 各自どちらかを選び，理由を添えて意見を述べ，話し合いなさい。 また，最後にグループとしてどちらを選ぶか，結論も出しなさい。
4	担任として，読書活動を児童生徒の成長につなげたいと考えたとき，朝の10分間読書の時間に，2週間だけ読み聞かせをするとしたら，次の①②のどちらを選びますか。 ①：絵本 ②：小説 各自どちらかを選び，理由を添えて意見を述べ，話し合いなさい。 また，最後にグループとしてどちらを選ぶか，結論も出しなさい。
5	担任として，自分の体験を話して，児童生徒の成長につなげたいと考えたとき，次の①②のどちらの体験談をしますか。 ①：これまでで一番うれしかったこと ②：これまでで一番くやしかったこと 各自どちらかを選び，理由を添えて意見を述べ，話し合いなさい。 また，最後にグループとしてどちらを選ぶか，結論も出しなさい。
6	教員として，子どもたちの自己肯定感を高めるためには，次の①②のどちらにより置きを置きますか。 ①：長所や得意分野を伸ばすこと ②：短所や不得意分野を克服すること 各自どちらかを選び，理由を添えて意見を述べ，話し合いなさい。 また，最後にグループとしてどちらを選ぶか，結論も出しなさい。
7	教員として，児童生徒に困難に打ち克つ「たくましさ」を育むためには，次の①②のどちらがより重要だと考えますか。 ①：優しく寄り添うこと ②：強く励ますこと 各自どちらかを選び，理由を添えて意見を述べ，話し合いなさい。 また，最後にグループとしてどちらを選ぶか，結論も出しなさい。

〈評価のポイント〉

1　評価の方法

　5段階で評価(5，4，3，2，1)するが，評定に微妙な差がある場合に

は，右肩に＋，－の表示をして評定する(但し，5＋，1－は付けない)。
換算に当たっては，それぞれの点数に＋は0.3を加え，－は0.3を減ずる。

2　評価のポイント

「とくしま教員育成指標」に示された「採用時に本県が求める姿」に適う人物を選考するために，本県の教員に求められる資質・能力のうち次の3点をもとに評価を行う。

> 素養
> ①使命感・情熱・たくましさ　②倫理観　③人権尊重の精神
> ④識見・学び続ける力　⑤社会性・コミュニケーション力

・表情が穏やかで落ち着きがあり，礼儀正しいか。
・社会性があり，コミュニケーション能力が備わっているか。
・教師としての情熱が感じられるか。
・社会常識や人権感覚が備わっているか。
・積極的に参加しようとする意欲が感じられるか。
・相手にわかりやすく自分の考えを伝えることができているか。

> 担任力
> ①生徒児童理解・指導力　②集団づくり力　③課題解決力
> ④未来ビジョン育成力(キャリア教育の視点)　⑤特別な配慮を要する児童生徒への理解・支援力

・児童生徒理解の意義を理解しているか。
・生徒指導や教育相談等の基本的な方法が身についているか。
・学級経営の基本的な指導方法を理解しているか。
・学級内で起こりうる課題の解決に積極的に取り組もうとしているか。
・特別な配慮を要する児童生徒への支援の視点を持っているか。

> 協働力
> ①組織マネジメント力・OJT推進・人材育成力　②危機管理力
> ③家庭・地域とのネットワーク構築力

・組織の一員として，自分の役割を理解し，協働して責任を果たそうとしているか。
・周囲と協力し合うことができ，円滑な人間関係を築いていけるか。
・ものの見方，考え方に独断的なところはないか。
・知識や発想が豊かで，建設的な意見が述べられているか。
・危機管理の重要性を理解しているか。
・家庭や地域との連携の重要性を理解しているか。

3　評価の留意点

(1)グループのレベルの高低により評価の誤差を生ずることがあるので，受審者全体のレベルで評価するよう留意する。

(2)発言していない時の態度も観察する。特に発言の少ない者についてはその話題に溶け込もうとしているかどうかに留意する。

(3)発言の回数や発言の順序だけで機械的に評定するのでなく，面接時間全体を通じて見られる受審者の人物像によって評定する。

2021年度

　令和3年度徳島県公立学校教員採用試験は昨年度から以下の通り一部審査に変更があった。

・中学校・高等学校教諭「保健体育」1次審査の水泳実技を廃止する。
・特別支援学校教諭(基礎免許状が「音楽」「美術」「保健体育」の者)の一次審査の実技審査を廃止する。

　また，新型コロナウイルス感染症感染拡大防止の観点から，下記の通り，1部審査の中止・縮小があった。

①　中高実技審査(1次)

・体育実技の武道(剣道又は柔道)→中止
※陸上・ダンス・球技は実施された。
・音楽実技のアルトリコーダーの初見演奏，自由曲演奏→中止
※ピアノ弾き歌いのみ，消毒対応等を行ったうえ実施された。
② 小学校実技審査(2次)
・音楽実技又は体育実技→中止
・水泳実技→中止
※英語実技は予定通り実施された。
　→これに伴い小学校実技受審者全員の両科目の得点を満点として選
　　考が行われた。

◆場面指導(2次試験)　面接官5人　受審者1人　2分
【課題】
「強豪のサッカーチームに所属しており，授業や勉強が疎かになって
いる児童Aへの対応(2分間)」
→何が難しかったか。
→Aくんは勉強が本当に必要ないと考えていると思うか。
【模擬授業についての質問内容】
〈模擬授業の課題〉
「5年生の平均の授業(5分)」
〈模擬授業についての質問〉
□このあとの流れ。
□自立解決できない児童への支援。
□他にどんな考えがでると思うか。
□中学校では，この範囲をどのように習うか。

▼小学校
【質問内容】
・目で笑い，声をハキハキして出すことを意識した。マスクをつけた

　ままの面接だったので，より意識した。

〈場面指導〉

・場面指導は個人面接の後半あたりに，急に始まる。

・助けたいと思う気持ちで接した。

・場面指導は思った以上に早く終わった。

▼中学技術

【質問内容】

□併願のこと。

□資格について。

□教員の多忙化についてどう思うか。

□やる気が起きない仕事にどう取り組むか。

□教員の不祥事はなぜ起こると思うか。

□ICTの活用を他の教員にどう広めるか。

・1人だけ態度と口が悪い面接官がいた。ストレス耐性もみられていると思われる。

〈場面指導〉

【課題】

「給食費を払わない保護者との面談」

・個人面接の際中に行う。

・保護者役の面接官はかなりの剣幕で話し始めた。

・落ち着きと毅然とした態度が重要。

【模擬授業についての質問内容】

〈模擬授業の課題〉

　「栽培方法の違いについて考える」

・教科書のコピーと指導案を渡され，別室で30分考える。

・教科書は教育図書，黒板ではなくホワイトボードだった。

▼高校公民

□模擬授業に引き続き実施。

□途中で場面指導を行う。

【質問内容】

□クラス経営で大事にしたいこと。

□法律で定められた残業時間。

□働き方改革への考え方。

□大学時代に努力してきたこと。

□いじめへの対応。

□保護者の対応で気をつけること。

〈場面指導〉

【課題】

「文化祭の前日に休みたいと生徒に言われた。放課後その生徒に話をするつもりで対応してください。」

□面接官の一人が生徒役となり，実際に対応する。

【模擬授業についての質問内容】

〈模擬授業の課題〉

現代社会「はたらくということ」

〈模擬授業についての質問〉

□評価はどのようにするか。

□深い学びにするためにはどうすればよいか。

□工夫したことは何か。

2020年度

◆個人面接

　▼小学校教諭

　【一般質問内容】

　□教員になりたい理由

　□あなたのよさはなにか。

　→そのよさを教育でどう生かすのか。

☐10年後の教員としての夢，プライベートの夢を1つずつ答えよ。

　→その夢を達成するためにはどうするか。

☐他県と併願しているか。

☐他県の試験状況はどうか。両方受かったらどうするか。

☐教育実習で学んだこと。

☐教育実習で失敗はあったか。

☐ボランティアで学んだこと。

☐体験活動で大切なことはなにか。

☐「体験」と「経験」の違いはなにか。

☐大学生活は楽しかったか。

　→特に思い出に残るもの。30秒で。

☐大学の思い出を3つ挙げる。

☐大学でもう少しやっておけばよかったことはあるか。

　→(その回答に対して)それを働くまでにどう生かすか。

☐なぜ大阪市教員から徳島県教員を希望しているのか。なぜこのタイミングなのか。

☐大阪と徳島は全然違うと思うが，どのように貢献できると思うか。

☐徳島の学力学習調査について知っているか(結果分析の観点で)。

☐外国語の授業はしたことがあるか。

【模擬授業についての質問内容】

☐学校でみんなの模範児Aくんが，家に帰ると疲れている様子で寝ていると保護者から相談を受けた。A君と話しをしなさい。という課題に対して，

　→A君がこうなった背景は。

　→保護者に何と伝えるのか。

　→今回模擬授業をやってみて困ったことは何か。

☐小6「円の面積」の模擬授業に対して，

　→授業する上で工夫したことの説明を1分で。

☐模擬授業後の展開で，今後の板書計画はどう考えているか。

　　　→(その回答に対して)ペアワークをするとき，学力が低い同士なら
　　　　どうするか。

　　　→高い同士ならどうするか。

　　　→ペアワーク以外の方法はあるか。

　　　→円を何等分させる予定だったのか。

□「うちの子は先生が担任になってから成績が下がっているが，どう
　してくれるのか。」という保護者の声に対して対応してください。

　※面接官の1人が，親となって会話を続ける。

　　　→こんなこと，実際に言われたことがありますか。

　　　→あなたの対応は，100点満点のうち何点ですか。

□模擬授業の5年算数「時間を分数で表す単元」について。

　　　→うまくいったところともう少しこうしたらよかったなと思うとこ
　　　　ろを言ってください。

〔受験者のコメント〕

・模擬授業では，面接官5人で，構想25分(別室で)，授業6分だった。

・個人面接の前に行われるので，ここでの評価が後の面接に多少影響
　するようだ。

・5人の面接官に見られるのはとても緊張する。場数を踏んでおくと
　よい。

・面接直前に別室で，授業の内容が書かれた紙と教科書のコピーが配
　られ，25分授業内容を考える時間があった。

・授業が終わってからの質疑応答では，板書についての質問もされた。
　児童役はいないが，児童がいると想定しておこなった。

・この授業で大切にしたいことをはじめに伝えてから，授業をスター
　トした。

▼中学校教諭

【一般質問内容】

□併願はしているか。

□どうして教師になりたいのか。

□ストレス解消法はあるか。

□最近気になる数学のトピックはあるか(数学科受験者)。
□最近学校で起きている問題について。
〔受験者のコメント〕
・大きな声でハキハキと話すことが重要である。
・この人なら子どもを任せられると思ってもらえるようアピールするとよい。
・模擬授業は板書のきれいさ，声の大きさ，発問の分かりやすさ等が見られていると思う。
・授業を客観的に見て，分かりやすいと思うまで練習を重ねることが大切。
・自分で生徒の設定を考え，話を広げていくとよい。何度も同じ言葉をかけすぎないように注意すること。
・模擬授業の後に，質問を多くされる。深掘りされてもいいように対策しておくこと。

▼高校教諭
【一般質問内容】
□子どもと関わった経験について。
□理想の教師像について。
□今までのスポーツ経験について(保体受験者)。
□飲酒，わいせつ等，教員の服務事項に反する行いがないか確認があった。
□(教育実習がまだだったので)教員の仕事について何を知っているか。
□自己PR
□今，興味があることはなにか。
□特技はなにか。
　→(回答に対して)フランス語で自己紹介してください。
□あなたにとって就職活動とは。
【模擬授業についての質問内容】
□模擬授業で何か言い忘れたことはないか。

□進路相談のために今，努力していることはなにか。

【模擬授業についての質問内容】

□模擬授業「運動と健康について」で，グループワークの意図と工夫について。

〔受験者のコメント〕

・少ない質問と時間で人間性を見られることになる。アピールしたいことをしっかりともって，どんどん伝える努力をすべきだった。

2019年度

◆個人面接(2次試験)　面接官5人　受験者1人　25分

※模擬授業に継続して実施する。

〈実施方法〉

① 確認事項と志願書・自己推薦書等についての質問…2分(副主任)

② 教育観，教育的識見，人間性・社会性等についての質問…5分程度(民間面接官・教育委員等)

③ ロールプレイ…8分程度(2分：ロールプレイ，6分：振り返りと質問)(管理主事)

④ 総合的な質問(教育観，教育的識見，自己推薦書等から)…4分程度(主任)

※なお，面接においては，より広く深く人物を見るように，再問もする。

※評価…模擬授業の項目を参照されたい。

※評価のポイント

《個人面接》

項　目	観　点	内　容
態　度	明朗さ	・明朗で落ち着いた態度であるか。
	安定度	・健康であり，情緒や精神面で安定しているか。
	表情	・表情豊かに，適度な声の大きさや速さで話ができるか。
	全体の雰囲気	・清潔感があり，相手に対してよい印象を与えるか。
資　質	使命感・倫理観・規範意識	・教師としての使命感をもっているか。 ・高い倫理観，規範意識があるか。
	愛情・感性・人権感覚	・生徒への深い愛情が感じられるか。 ・豊かな感性，人権感覚を持っているか。
	柔軟性・人間関係調整力	・物事を柔軟に受け止め，相手の立場に立って，円滑な人間関係を築いていけるか。
積極性・主体性	積極性	・やる気や活気があるか。
	主体性	・自ら考え，行動する力があるか。
	資質向上・研修	・学び続けようとする意欲が感じられるか。
思考力・判断力・表現力	思考力	・話の筋道が通っているか。
	判断力	・的確な応答ができるか。
	表現力	・自分の考えを適切な言葉で表現できるか。

※座席…模擬授業の項目を参照されたい。

▼小学校教諭

【質問内容】

□自己推薦書の内容について(例：志望動機のキーワードについて，部活動についてなど)

□理想の教師像はどのようなものか。

□どんなクラスにしたいか。

□教員になったとき，はじめにしたいことはなにか。

〈場面指導〉

□授業中に寝ている児童がいたため，あなたはその児童を起こした。しかし，しばらくすると，同じ児童が再び寝てしまっている。面接官を当該児童と見立てて，実際にその場面の対応をしなさい。

□場面指導の感想を述べなさい。

□児童が授業中に寝ていた背景として，考えられることはなにか。

□あなたの指導に自己採点で点数をつけるなら，何点か，その理由もあわせて答えなさい。

□先ほど行った指導をやりなおせるとしたら，どの場面からどのよう

にやりなおしたいか。

□保護者とうまく連携するためにどうするか。

・質問は，基本的に自己推薦書に基づいて聞かれることが多かった。場面指導に関わる質問も多い。

・場面指導では，構想時間は与えられず，課題を言われた後すぐに実施する。その後，指導に関する質問がなされた。

2018年度

◆個別面接(2次試験) 面接官5人　受験者1人　時間25分

※模擬授業終了後，引き続いて実施する。

① 模擬授業について質問する。4分程度(指導主事)

② 確認事項と自己推薦書についての質問　確認含めて6分(進行)

③ 教育観，教育的識見等についての質問　4分程度(民間・教育委員)

④ ロールプレイ　7分程度(3分：説明とロールプレイ，4分：振り返り)(副主任)

⑤ 総合的な質問(教育観，教育的識見，自己推薦書等から) 4分程(主任)

▼小学校教諭

【質問内容】

□なぜ教員になりたいのか。いつからなりたいと思っているか。

□家族は，あなたが教員になることをどう思っているか。

□徳島県で教員を目指す理由と徳島県の教育の特色を述べなさい。

□子どもを平等に扱うとは，どういうことだと思うか。

□今まで採用試験を受けて，何が失敗だったと思うか。

□(ロールプレイ)音読ができなくて，教室をとび出した子がいる。その子がいなくなった後，まわりの子どもには，どのように指導するか，実演しなさい。

→実演した後，振り返りがあり，この場面の課題，子どもに必要な，
　教員がしなければならない指導とは何か，指導のポイントは何だ
　と思うかときかれる。
・面接の発言時間は，1分以内で話す方がよい。長くしゃべると，「簡
　潔に」と言われる。早口もよくない。試験官はストップウォッチを
　持っており，長すぎると途中できられるか，次の質問に入りますと
　言われる。

▼高校家庭
【質問内容】
□ボランティアに参加したきっかけ，ボランティアを通して学んだこ
　とは。
□教育実習で印象に残っていることは。
□資格(調理師，管理栄養士)を生かし，どのような授業を展開するか。
□コンプライアンスについて，心がけていることはあるか。
・自己推せん書の内容を中心に問われた。

2017年度

◆個別面接(2次試験)　面接官5人　受験者1人　時間30分
▼小学校
【質問内容】
□教師にとって必要なことは何だと思うか。
□ロールプレイ(社会体育をしている保護者から，放課後指導してほし
　いと言われた時の対応)
・やや圧迫的・高圧的な態度の面接官が1人いる。「なんでもスゴイっ
　て言う先生おるけど，どう思う？」「最近の先生はみんな言ってる
　よね。」
※評価のポイント

項　目	観　点	内　　容
態　度	明朗さ	・明朗で落ち着いた態度であるか。
	安定度	・健康であり，情緒や精神面で安定しているか。
	表情	・表情豊かに，適度な声の大きさや速さで話ができるか
	全体の雰囲気	・清潔感があり，相手に対してよい印象を与えるか。
資　質	使命感・倫理観・規範意識	・教師としての使命感をもっているか。 ・高い倫理観，規範意識があるか。
	愛情・感性・人権感覚	・生徒への深い愛情が感じられるか。 ・豊かな感性，人権感覚を持っているか。
	柔軟性・人間関係調整力	・物事を柔軟に受け止め，相手の立場に立って，円滑な人間関係を築いていけるか。
積極性・主体性	積極性	・やる気や活気があるか。
	主体性	・自ら考え，行動する力があるか。
	資質向上・研修	・学び続けようとする意欲が感じられるか。
思考力・判断力 ・表現力	思考力	・話の筋道が通っているか。
	判断力	・的確な応答ができるか。
	表現力	・自分の考えを適切な言葉で表現できるか。

▼特支小学部

【質問内容】

□他県，その他の試験との併願の有無について。

□なぜ徳島県を志望したのか。

□徳島の「よさ」を子どもたちに伝えるためにどのように取りくむか。

□信頼される教員とはどのような教員か。

□重複障がいや重度の自閉症の子どもを教育する上での魅力とは何か。

▼養護教諭

【質問内容】

□併願の有無について。

□担任，保護者との連携はどのように行うか。

□春から教員として働くためにしていることはあるか。

□髪の毛を染めた生徒への対応について。

□あなたの考える教育とは何か。

2016年度

◆集団面接(1次試験)　6〜8名　30分程度

※進行は面接官が行う。面接官は自由討議等や補足質問を通して受審者を観察し，評価する。

▼小・中学校

【テーマ】

□住みやすい街について

□子どもの遊びについて

□デジタルとアナログについて

□人口減少について

□コンビニエンスストアについて

□機械の進化と職人技について

□ネットショッピングについて

□人型ロボットについて

▼高等学校

【テーマ】

□住みやすい街について

□子どもの遊びについて

□デジタルとアナログについて

□人口減少について

□コンビニエンスストアについて

□機械の進化と職人技について

▼養護教諭

□自分が勤めている学校の児童がコンビニで迷惑行為をしているとコンビニの店主から連絡があった。そのコンビニにいる児童生徒を指導しにいかないといけないが，学校の教職員で唯一いけるのがあなた(養護教諭)しかいない時，あなたならどうするか。

※評価は資質(社会性があり，コミュニケーション能力が備わっている
か)，協調性(周囲と協力しあうことができ，円滑な人間関係を築い
ていけるか)，積極性(積極的に参加しようとする意欲が感じられる
か)，表現力(相手にわかりやすく自分の考えを伝えることができる
か)，態度(表情が穏やかで落ち着きがあり，礼儀正しいか)である。
・最初の5分で課題について考えるが，とても短いので早く考えて書
くべき。
・すべての発言は30秒以内であった。

2015年度

◆場面指導(2次試験)　面接官5人　受験者1人　10〜12分程度
　▼養護教諭
　【課題】
　※養護教諭は模擬授業はないが，場面設定として「こういう場面では
　どのように判断，行動するか」という質問を指導主事が行う。

◆個人面接(2次試験)　面接官5人　受験者1人　16〜20分程度
　▼小学校・中学校教諭・中高家庭・中高音楽・養護教諭
　【質問内容】
　□確認事項と自己推薦書についての質問
　□教育観，教育的識見等についての質問
　□各専門的な立場からの質問

　▼高等学校・特別支援学校教諭
　【質問内容】
　□模擬授業，教科指導についての質問
　□提出書類等について確認・質問
　□人間性・社会性等についての質問

□教育観等についての質問
□教育実践等についての質問
※模擬授業に引き続いて行う。
※面接時間は16分程度(高等学校・特別支援学校教諭は20分程度)である。
※より広く深く人物を見るように，再問もする。

2014年度

◆集団面接(1次試験)　面接官3人，各班6〜8人，40分程度
　▼小学校全科，中学校全科，中・高等学校教諭(音楽科，家庭科)，養
　　護教諭
　　※目的：受審者の人間性や社会性及び教師としての適性などを多面
　　　的に見ることにより，教員採用の審査資料とする。
　　※班編成：各班6〜8名。原則的に同一教科で編成される。可能な限
　　　り，同一大学出身者は避けられる。
　　※座席：

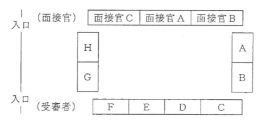

　□実施内容：
　　(1)入室：受審番号順にコの字型に着席し，出欠確認後，受容要領
　　　の簡単な説明を受ける。
　　(2)意見発表：考えのまとまった者から一人1分以内で意見を発表
　　　する。
　　(3)自由討議：テーマについて自由に討議する。
　　(4)補足質問：面接官から質問される。質問順A→B
　　(5)進行及び評価：進行は面接官(C)が行う。面接官は自由討議等

や補足質問を通して受審者を観察し，評価する。

＊(1)～(3)で20分程度，(4)で20分程度

※5分で，テーマについて話し合いたい課題とその理由をまとめる。

※1分前に面接室へ移動する。

※はじめに発言できる人から，テーマについて話し合いたい課題とその理由を1分で発言する。全員が発言したら，話し合いの開始。

※15分ほど経った段階で，面接官から細く質問。

※考えがまとまった者から挙手で答える。

※評価のポイント：①資質，②協調性，③積極性，④表現力，⑤態度

【テーマ】

□おしゃれと身だしなみについて

□地域おこしとゆるキャラについて

□言葉の美しさについて

□20年後の日本について

□自分の可能性を信じることと自分の限界について

□地域社会に貢献することについて

□権利と義務について

□自分自身のコミュニケーション能力について

□大人のモラル向上について

□ものづくりについて

▼高等学校教諭，特別支援・自立教科教諭，中・高等学校教諭(美術)

※目的：受審者の人間性や社会性，及び教員としての適性などを多面的に見ることによって，教員採用の審査資料とする。

※班編成：原則として同一教科の受審者を各班6～8名程度で編成する。

※座席

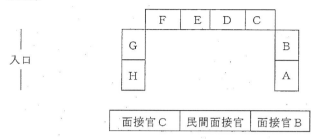

※実施方法：面接準備室で，面接開始5分前に問題用紙を受け取り，事前に意見をまとめる。

(1)入室：受審番号順にコの字形で着席する。出欠確認後，受審要領の説明を受ける。

(2)意見発表：考えのまとまった者から一人1分以内で意見を発表する。

(3)自由討議：テーマについて自由に討議する。

(4)補足質問：面接官から質問を受ける。民間面接官A→面接官B

(5)進行及び評価：進行は県教育委員会の事務局の面接官によって行われる。受審者は自由討議等や補足質問を通して評価される。

＊(1)〜(3)で20分程度，(4)で20分程度。

※評価のポイント：①資質，②協調性，③積極性，④表現力，⑤態度

【テーマ】

□おしゃれと身だしなみについて

□ゆるキャラブームについて

□言葉の美しさについて

□30年後の日本について

□グローバル人材について

□高齢社会について

●書籍内容の訂正等について

　弊社では教員採用試験対策シリーズ（参考書，過去問，全国まるごと過去問題集），公務員試験対策シリーズ，公立幼稚園・保育士試験対策シリーズ，会社別就職試験対策シリーズについて，正誤表をホームページ（https://www.kyodo-s.jp）に掲載いたします。内容に訂正等，疑問点がございましたら，まずホームページをご確認ください。もし，正誤表に掲載されていない訂正等，疑問点がございましたら，下記項目をご記入の上，以下の送付先までお送りいただくようお願いいたします。

> ① **書籍名，都道府県（学校）名，年度**
> （例：教員採用試験過去問シリーズ　小学校教諭 過去問　2025年度版）
> ② **ページ数**（書籍に記載されているページ数をご記入ください。）
> ③ **訂正等，疑問点**（内容は具体的にご記入ください。）
> （例：問題文では"ア〜オの中から選べ"とあるが，選択肢はエまでしかない）

〔ご注意〕

○ 電話での質問や相談等につきましては，受付けておりません。ご注意ください。

○ 正誤表の更新は適宜行います。

○ いただいた疑問点につきましては，当社編集制作部で検討の上，正誤表への反映を決定させていただきます（個別回答は，原則行いませんのであしからずご了承ください）。

●情報提供のお願い

　協同教育研究会では，これから教員採用試験を受験される方々に，より正確な問題を，より多くご提供できるよう情報の収集を行っております。つきましては，教員採用試験に関する次の項目の情報を，以下の送付先までお送りいただけますと幸いでございます。お送りいただきました方には謝礼を差し上げます。

（情報量があまりに少ない場合は，謝礼をご用意できかねる場合があります）。

◆あなたの受験された面接試験，論作文試験の実施方法や質問内容

◆教員採用試験の受験体験記

送付先
○電子メール：edit@kyodo-s.jp
○FAX：03-3233-1233（協同出版株式会社　編集制作部 行）
○郵送：〒101-0054　東京都千代田区神田錦町2-5
　　　　　　　協同出版株式会社　編集制作部 行
○HP：https://kyodo-s.jp/provision（右記のQRコードからもアクセスできます）

　※謝礼をお送りする関係から，いずれの方法でお送りいただく際にも，「お名前」「ご住所」は，必ず明記いただきますよう，よろしくお願い申し上げます。

教員採用試験「過去問」シリーズ

徳島県の
論作文・面接 過去問

編　集	ⓒ 協同教育研究会
発　行	令和6年2月25日
発行者	小貫　輝雄
発行所	協同出版株式会社
	〒101-0054　東京都千代田区神田錦町2 - 5
	電話　03－3295－1341
	振替　東京00190－4－94061
印刷所	協同出版・POD工場

落丁・乱丁はお取り替えいたします。